कबीर
चिन्तन

जाग सके तो जाग

नीरज आनन्द
(साहित्य रत्न)
शोध विषय: कबीर
हिन्दी साहित्य सम्मेलन, (इलाहाबाद)

डायमंड बुक्स

ISBN : 978-81-288-2562-0

प्रकाशक : डायमंड पॉकेट बुक्स (प्रा.) लि.
X-30 ओखला इंडस्ट्रियल एरिया, फेज-II
नई दिल्ली-110020
फोन : 011-40712200
ई-मेल : wecare@diamondbooks.in
वेबसाइट : www.diamondbooks.in
संस्करण : 2025
मुद्रक : रेप्रो (इंडिया)

Kabir Chintan
by : Niraj Anand

आभार

सम्पादन
श्री मोहन भारती जी (एम.ए.हिन्दी),
गुरु अंगद देव यूनिवर्सिटी में कार्यरत

मेरी निद्रा को तोड़ने में मददगार
सभी मित्रों व सहयोगियों को .....

समर्पित

ALL INDIA CONGRESS COMMITTEE

MANISH TEWARI
Spokesperson
Member of Parliament,
Ludhiana (pb)

24, Akbar Road
New Delhi-110011
ph. 23019080
23019606
23012692
Extn.:482

बधाई संदेश

संत कबीर भारतवर्ष की भक्ति व काव्य परम्परा के आधार सतम्भ हैं।'कबीर चिन्तन' पढ़कर मुझे अहसास हुआ कि कबीर जी ने अपने जीवन में ही नहीं बल्कि अपनी मृत्यु द्वारा भी लोगों को जागृत करने की कोशिश की थी। मेरे अति प्रिय मित्र नीरज ने इस किताब द्वारा कबीर जी के जीवन और संदेश को आम लोगों तक पहुंचाने की कोशिश की है। इस सराहनीय कार्य पर मैं नीरज आनंद को बधाई देता हूं।

मनीष तिवारी
सांसद (लोकसभा)
लुधियाना

कबीर चिन्तनः प्रासंगिक प्रयास

कबीर साहित्य की कोई कमी नहीं है। उन की विचारधारा, जीवन, काव्य रचना तथा प्रभाव के सम्बन्ध में हिन्दी, अंग्रेज़ी और पंजाबी इत्यादि भाषाओं में अनेकों पुस्तकें उपलब्ध हैं। श्री गुरु ग्रन्थ साहिब में जिन तीस भक्तों की वाणी संकलित है, उन में कबीर जी के श्लोक सब से ज़्यादा हैं। उन की वाणी में जहां सामाजिक चेतना का बलवान स्वर है, वहां प्रभु भक्ति का रहस्यमयी नाद भी है। जहां कहीं भक्ति काव्य, सूफी चिन्तन, अथवा सामाजिक सद्भावना आदि विषयों पर चर्चा होती है, वहां कबीर की वाणी तथा विचारधारा का वर्णन अवश्य होता है। उन का एक-एक दोहा हमें जीवन पथ पर तर्कशील ढंग से चलने की प्रेरणा देता है। वास्तव में कबीर वाणी आज भी उतनी ही प्रासंगिक है जितनी कि मध्यकालीन युग में थी। कई स्थितियों में तो उन की रचनाएं आज अधिक प्रासंगिक हैं क्योंकि कबीर की विचारधारा उन रुढ़िवादी धारणाओं एवं आडम्बरों का खंडन करती है जिन से हम आज भी मुक्त नहीं हैं। इस परिपेक्ष में नीरज आनन्द 'नाज़ी' की पुस्तक 'कबीर चिन्तन' निश्चय ही एक प्रासंगिक एवं सफल प्रयास है।

नीरज का सम्बन्ध युवा पीढ़ी से है। साधारणतयः आज के युवक गंभीर चिन्तन से दूर ही रहते हैं। वैज्ञानिक टेकनालॉजी और उपभोगिता के समाज के इस युग में युवा वर्ग अधिकतर फैशन तथा मनोरंजन में लीन है। कबीर के बारे में सोचना तो दूर, वे कबीर को जानते तक नहीं। नीरज ऐसे युवाओं से भिन्न हैं। वह टेकनालॉजी का प्रयोग अपने ज्ञान और व्यवसाय के लिये करते हैं। अपनी कार को चलाते हुये भी वह कबीर को सुनते हैं, सूफी संगीत अथवा ऐसी फ़िल्मों के गीतों को सुनते हैं जिन से जीवन के बारे में कोई सार्थक दृष्टिकोण संगीत के माध्यम से उभरता हो। मुझे ऐसा लगता है कि यदि वह कारोबार व घर परिवार में लिप्त न होता, तो कोई सूफी संत ही होता । अपनी बातों में वह कहीं न कहीं किसी सूफी कवि अथवा

महान भक्त का उल्लेख अवश्य कर जाता है। इस लिये मुझे नीरज एक असाधारण युवक प्रतीत होता है जो कर्मयोगी भी है और गम्भीर मनुष्य भी है। हमें ऐसे युवाओं की बड़ी आवश्यकता है।

इस युवा की कबीर में रूचि अपने विद्यार्थी काल में ही प्रकट हो गई थी। कबीर की विचारधारा ने उसे प्रभावित ही नहीं किया अपितु उसके जीवन को एक दिशा भी प्रदान की। उसने कबीर के विषय में अपने अध्ययन को निरन्तर जारी रखा। गुलज़ार द्वारा प्रस्तुत सूफ़ी गायिका आबिदा परवीन का कबीर वाणी का गायन उसको मुग्ध कर देता है। उसे कबीर सभी सूफ़ियों और भक्तों से अधिक प्रभावित करता है। इसी का परिणाम है उसकी दूसरी पुस्तक 'कबीर चिन्तन' जिस में उसकी श्रद्धा भावना भी है तथा व्याख्या भी। उसने अपने ढंग से कबीर को समझने और समझाने का प्रयास किया है। मैं नीरज के इस प्रयास का स्वागत करता हूं।

इस पुस्तक में नीरज ने कबीर वाणी, कबीर जीवनी तथा कबीर वाणी के अनेक पहलुओं का सरल भाव प्रस्तुत करने का प्रयत्न किया है। उसने यह कार्य बड़ी सरल भाषा तथा साधारण शैली में किया है। उन्हें न तो अपने विद्वान होने का भ्रम है और न ही अनजान होने का दु:ख। उसने जैसे कबीर को समझा, वैसे ही प्रकट कर दिया है। उसकी हार्दिक इच्छा है कि संसार का प्रत्येक व्यक्ति कबीर को जाने और उनकी महान् शिक्षाओं को पहचाने। मुझे आशा है कि नीरज अपने उद्देश्य में सफल रहेंगे। मुझे विश्वास भी है कि वह युवा वर्ग में अपना सन्देश पहुंचाने में अवश्य सफल होंगे।

मैं नीरज के इस प्रयास का अभिनन्दन करता हूं तथा इसके लिये उन्हें बधाई देता हूं।

20 जनवरी, 2010

2998, गुरदेव नगर,
लुधियाना

डा: सत्या नन्द सेवक
भूतपूर्व प्रोफ़ेसर ऑफ़ इंगलिश एंड
हैड पंजाब कृषि विश्वविद्यालय
लुधियाना, पंजाब

अनुक्रम

मेरी प्रेरणा

'कबीर दास जी' को देह त्यागे लगभग 500 साल हो गए हैं। उन के जन्म व मरण की तारीखें, अटकलों के बाज़ार में कहीं गुम हो चुकी हैं। लेकिन कबीर स्वयं साक्षात् मौजूद हैं, अपने हर दोहे में, अपनी हर कविता में।

'कबीर चिन्तन' इस पुस्तक को लिखने की शुरूआत करते वक्त मैं पूरी तरह आश्वस्त हूं कि आज भी 'कबीर ' के बारे में पढ़े-लिखे अथवा सुने जाने की जरूरत क्यों है। कवि मर जाता है, कविता नहीं मरती। इन्सान मर सकता है, उस के विचार नहीं मरते। मन मर सकता है, चेतना नहीं मरती।

कबीर के युग में, कबीर की आवाज़ के नीचे यदि शाही फ़रमान और मुल्ला की अज़ान दब जाते थे, तो आज भी चेतना की गहराई से निकले उन के शब्दों से हमारे दिल की धड़कनें रूक-रूक-सी जाती हैं। यदि आज पाँच शताब्दियों के बाद भी उनकी वाणी हम झँझोड़ती है तो इसका मतलब साफ़ है कि हमारे मन में तब से आज तक कोई फ़र्क नहीं आया। शायद हमारी अधोगति ही हुई है।

इतिहास बताता है कि सूफ़ीवाद का भारत में आगमन 11वीं सदी में हुआ। उस समय लोगों में इतनी प्यास थी कि इसका फैलाव बहुत ही तेज़ी से हुआ। रूमी, मँसूर, शिराज़ी कुछ ऐसे सूफ़ी शायर थे जिन्होंने बाहरवीं व तेहरवीं सदी में कबीर से पहले खुदा को पाया। इसी तरह जयदेव, नामदेव भी बाहरवीं और तेहरवीं सदी में भक्ति रस के प्रचारक थे। रामानन्द व शेख़ तकी कबीर के समकालीन परन्तु कबीर से बड़े थे। गुरु नानक देव जी उम्र में कबीर से छोटे थे मगर कबीर के समकालीन थे। कबीर के

बाद भी सूरदास, रविदास, रहीम इत्यादि कई भक्ति रस व सूफ़ीवाद के कवि हुए। यह बात बहुत महत्त्वपूर्ण है कि जब उन लगभग 200 वर्षों में इतने लोगों ने व्यक्तिगत तौर पर मानव चेतना की ऊँचाईयों को छुआ, तो उस समय के आम लोगों की आन्तरिक चेतना की स्थिति भी आज के युग के लोगों की आन्तरिक स्थिति से निस्संदेह बेहतर होगी।

सत्ता और पैसे की भूख आज बहुत बढ़ चुकी है। अपने आन्तरिक साम्राज्य से, अपने मूल से कट कर, चैतन्य के मामले में हम लगभग कंगाल हो चुके हैं। जीज़स, बुद्ध, कृष्ण, नानक, महावीर इत्यादि के मूल संदेश को भूल कर, उनके पीछे हम ने सम्प्रदाय खड़े करना और लड़ना ही अपना उद्देश्य बना लिया है। जागरूकता की ज़रूरत कबीर के युग से कहीं अधिक आज हमें है।कबीर तो दुबारा आएँ, न आएँ। कम से कम उन के विचारों को ज़िन्दा रखने की कोशिश होती रहनी चाहिए।

आज उस रोशनी की सख़्त ज़रूरत है, जिसकी रहनुमाई में हमारी आन्तरिक चेतना का विकास हो पाए। विज्ञान की असाधारण प्रगति ने मनुष्य का प्रभुत्व बहुत बढ़ा दिया है। हम चाँद, सितारों तक जा पहुँचे हैं। दूसरे ग्रहों पर बस्तियां बसाने की बात हो रही है, लेकिन ताकत और वर्चस्व का लालच हमें विनाश के कगार पर ले आया है। एटम बम, डर्टी बम, जाने कैसे-कैसे समूल विनाश के हथियार आज के युग में विकसित कर लिए गए हैं। तर्क यह दिया जाता है कि आत्मरक्षा के लिए

इन का निर्माण आवश्यक है। किन्तु यह एक अत्यन्त बर्बर और भयानक सच्चाई है कि जन संहार का इतना बड़ा ज़ख़ीरा आज धरती पर मौजूद है कि एक या दो बार नहीं बल्कि लगभग नौ बार पूरी धरती को तबाह किया जा सकता है। सबसे विचारणीय तथ्य यह है कि एक देश को दूसरे देश में जाने की भी आवश्यकता नहीं होगी, आमने-सामने की लड़ाई नहीं होगी। सिर्फ बटन दबाना होगा और रॉकेट बम फेंक आएंगे।

जापान के दो शहर (हिरोशिमा व नागासाकी) द्वितीय विश्व युद्ध में एटम बमों की मार सह चुके हैं। आन्तरिक चेतना से खाली, आज का इन्सान बारूद के ढेर पर बैठा है। सिर्फ एक गलती, सिर्फ एक चिँगारी हर तरह के जीव-जन्तु, वनस्पति और शायद जीवन के दुबारा पनपने की सम्भावना को ही ख़त्म कर देगी।

‘ बर्बादियों वाली तरक्की से, ‘नाज़ी’ मुत्तमईं नहीं।
हाथों की ज़ोर आज़माईश में, यकीन रखता हूं।।’

चेतना का उदय ही हम में ठहराव ला पाएगा। आत्म-मंथन से ही हम समझ पाएंगे कि हमारी विरासत (कृष्ण, नानक व कबीर की विरासत) कितनी महान है। आज ख़ुद से यह सवाल पूछा जाना बहुत ज़रूरी है कि 60-70 वर्ष जीने वाला इन्सान तबाही के जो बीज बो रहा है, उस की फसल कौन काटेगा?

बचपन से ही मेरी साहित्य, इतिहास और संगीत में विशेष रूचि थी। विज्ञान और हिसाब पढ़ते वक्त मेरी ज़हनी

हालत ऐसी हो जाती थी जैसे कोई गाड़ी ट्रैफिक जाम में फँस गई हो। ग्यारवीं कक्षा में मेरी हिसाब विषय में कम्पार्टमैंट आ गई। सामाजिक शास्त्र के अध्यापक के सुझाने पर मैंने 'हिन्दी साहित्य सम्मेलन', 'इलाहाबाद' से 'साहित्य-रत्न' में दाखिले का आवेदन भर दिया। साहित्य-रत्न उपाधि पाने के लिए पुराने कवियों, कहानीकारों और लेखकों की सूची में से किसी एक को विशेष शोध के लिए चुनना होता है। न जाने किस अन्जानी ताकत के वशीभूत मैंने 'कबीर' को अपना विशेष कवि चुन लिया था।

सन् 1989 में जब मैंने साहित्य रत्न के प्रथम और द्वितीय खण्ड पास किए तो भी मैं नहीं जानता था कि आने वाले सालों मे, ज़िन्दगी की परीक्षा में, कबीर पर किया गया शोध किस तरह मेरी विचारधारा और व्यक्तित्व पर प्रभाव डालेगा। पढ़कर समझे गए कबीर वाणी के अर्थों को जब ज़िन्दगी के कटु अनुभवों का और सच्चाई का धरातल मिला तो जैसे तन से मन और मन से आत्मा की यात्रा सुगम होती चली गयी।

कबीर को पढ़कर मेरी सोच में शायद कुछ फर्क आया भी होगा, लेकिन ज़िन्दगी ख़ुद भी सबक सिखाती है। सब कुछ सामान्य था। ज़िन्दगी एक ढर्रे पर चलती जा रही थी। सामान्यत: ज़िन्दगी बस बीतती जाती है, हम सही अर्थों में ज़िन्दगी को जीते नहीं हैं। मेरा भी यही हाल था। अचानक एक तूफान का हमारे परिवार में आगमन हुआ। हमारा संयुक्त परिवार बिखर गया,

काम में भी मुझे असफलता मिलती चली गई, घोर निराशा ने मुझे घेर लिया था। इसी दौरान मेरे बड़े मामा जी श्री 'प्रवीण कोहली' ने मुझे 'गुलज़ार जी' द्वारा संयोजित कबीर के दोहों की एक कैसेट के बारे में बताया, जिसे सूफी गायिका 'आबिदा परवीन' ने अपना स्वर दिया था। कबीर को आबिदा परवीन की आवाज़ में सुन कर मुझे यह समझ में आने लगा कि जो भी परिस्थितियां बनती हैं, उनके बीज हमारे ही पुराने कर्म होते हैं। हमारे साथ कुछ अच्छा हो तो हम स्वयं ही अपनी पीठ ठोक लेते हैं और यदि कुछ बुरा हो जाए तो अपने सितारों को दोषी बताते हैं।कबीर वाणी के जो अर्थ मैंने पढ़ कर याद किए थे, उन का सही मतलब ज़िन्दगी की दुश्वारियों ने मुझे समझाया। अन्दर उजाला हुआ तो बाहर की धुंध भी छंटती चली गई।

उन मुश्किल हालात में मेरी पत्नी (पूजा) का हाथ मेरे हाथ में था, जिसने मुझे अन्दर और बाहर सहारा दिया। उन विपरीत परिस्थितियों में मुझे एक और बात समझ में आई कि सादगी और प्रेम जिन हृदयों में होता हैं वे बाहर से भले ही कोमल, कमज़ोर नज़र आएं पर उनके अन्दर हौसले और सहन शक्ति का अपार सागर होता है। अब मैं लगातार प्रयासरत हूं कि पूजा की तरह प्रेम पूर्ण, सरल और सादा हो पाऊं।

कबीर पर लिखने की, उन के दोहों के भावों का आसान भाषा में अनुवाद करने की प्रेरणा मुझे अपने प्रिय भातृ तुल्य मित्र 'डा. सरजू रलहन' से मिली, जो कि हीरो हार्ट सेंटर, लुधियाना में सीनियर कन्सलटैंट, (सर्जन) हैं। डा. सरजू व डा. उपमा रलहन

(उन की पत्नी) भी कबीर को सुनते व सराहते हैं। मेरे एक अन्य मित्र श्री सुशील मल्होत्रा जो कि सोशल वर्कर हैं, भी कबीर में विशेष रूचि रखते हैं। इसी तरह अमेरिका में रहने वाली मेरी अति प्रिय मित्र 'इमनीत' (शैरी) पत्नी, स. मनमीत सिंह में भी मुझे आध्यात्म के प्रति रूचि नज़र आई। इन सभी द्वारा कबीर पर लिखने को प्रेरित किए जाने पर मुझे यह महसूस हुआ कि कोई देश में रहे या विदेश में, कोई विज्ञान क्षेत्र में, चिकित्सा क्षेत्र में, सियासत में या किसी भी अन्य क्षेत्र में, कितनी भी तरक्की कर ले, इस तरक्की से, हमारी रूहानी प्यास नहीं मिटती। अन्त में मेरे गुरू व रहनुमा 'डा. सत्यानन्द सेवक जी' ने मुझे कहा कि आज कबीर वाणी का शब्दाशब्द अनुवाद नहीं बल्कि कबीर का भाव-अर्थ, लोगों तक पहुंचाने की ज़रूरत है।

इससे मुझे प्रेरणा मिली कि मैं कबीर वाणी का सरल अनुवाद करके, कबीर का संदेश जितने हृदयों तक भी पहुंचा सकूँ, पहुंचाऊँ। मैंने कोशिश की है कि कबीर की वाणी का सिर्फ अनुवाद ही नहीं करूँ बल्कि उन हालात, उन सामाजिक परिस्थितियों का भी वर्णन करूँ, जिन से गुज़र कर अपनी माँ द्वारा त्यागा गया एक बच्चा, समाज में शूद्रवत् और तिरस्कृत जुलाहा वर्ग का एक नुमाईंदा, सच्चे गुरू की तलाश में दर-बदर भटकने वाला एक सत्य का खोजी और एक अनपढ़-गंवार जिसके लिए 'काला अक्षर भैंस बराबर' था, कैसे 'कबीर' हो गया। जिसने पूरी मानवता को अपना चैतन्य जगाने का पाठ पढ़ा डाला।जो आज भी उतना ही सार्थक है, जितना कि कबीर के युग में था।

–नीरज आनन्द

कबीर का व्यक्तित्व

हिन्दी साहित्य के मध्यकालीन भक्त साधकों, कवियों व विद्रोहियों में 'भक्त कबीर दास जी' का स्थान अत्यन्त महत्वपूर्ण व अन्यतम् है। उनकी गणना सिर्फ सुधारवादी या आध्यात्मवादी कवियों में नहीं हो सकती। वे एक क्रान्तिकारी महापुरूष थे। उनकी वाणी में अनुभूति की सच्चाई थी। जितनी दृढ़ता व हौसले से उन्होंने धार्मिक आडम्बरों पर हमला किया उस की मिसाल सम्पूर्ण भक्ति काव्य परम्परा में अन्यत्र नहीं मिलती। उनके व्यक्तितत्व की प्रखरता और साधना की उच्चता की सराहना उनके विरोधियों और समर्थकों ने एक समान की है। कबीर से पहले एक सूफी विचारक हुए थे, जिन का नाम 'मौलाना जलालुद्दीन रूमी' था। वे विद्वान भी थे, सो बड़ी सुन्दर उपमाएँ प्रस्तुत कर के अपनी बात समझाते थे। कबीर अनपढ़ थे सो पांडित्यपूर्ण उदाहरण न देकर, आम भाषा और आम ज़िन्दगी से जुड़ी बात करते थे। कुछ भी आपत्तिजनक हो तो वे सीधा हमला कर देते थे। वे बार-बार खुद को जुलाहा कहते थे। चूंकि जुलाहों को शूद्रवत् माना जाता था, वे तिलक लगाते, और जनेऊ पहन कर साहस पूर्वक बोलते-

"तू बाम्हन मैं कासी का जुलाहा,
बूझौ मोर गियाना।"

इस प्रकार वे पंडितों जैसी वेश-भूषा में रहकर भी स्वयं को शूद्र बताते। ब्राह्मणों पर कटाक्ष करते व आम लोगों को ज्ञान बाँटते। लोगों को मन्दिरों, मस्जिदों में पूजा-पाठ करते देखते या धार्मिक आडम्बरों में फँसा देखते तो बड़ी साधारण भाषा में व्यंग करते

'तेरा जन एकाध है कोई'।

कबीर के इस कटाक्ष को 'जीज़स' के इस उदाहरण से समझा जा सकता है। जीज़स से किसी ने पूछा कि हम लगातार परमात्मा को पूजते हैं फिर मुक्त क्यों नहीं होते? परमात्मा का

साम्राज्य कैसा है? जीज़स ने कहा कि परमात्मा का साम्राज्य मछुआरे के जाल जैसा है। सैकड़ों मछलियां फँस जाती हैं। जिन मछलिया में कांटे हों या ज़हर हो वे सागर में वापिस फेंक दी जाती हैं। जो मछलियां मछुआरे को पसंद आ जाएं, उन्हें वह चुन लेता है। इसी तरह तुम भी फँस जाते हो, तो मन्दिर जाते हो, व्रत करते हो। अनन्त जन्मों की यही कहानी है। दुखी होते हो तो परमात्मा को याद करते हो, सुखी होकर भूल जाते हो। फिर दुनिया में रम जाते हो।तुम फँसते हो साँसारिक जाल के कारण, सँसार के कारण। लेकिन एक दिन तुम चुने जाओगे, अपने कारण।

परमात्मा हमें चुने, इसके लिए हमारा पात्र होना जरूरी है। परमात्मा को पाना है तो परमात्मा जैसा होना पड़ेगा। दूध में यदि थोड़ा दही मिला दिया जाए तो सारा दूध, दही बन जाता है। थोड़ा अपने अन्दर परमात्मा को पैदा करो तो तुम भी परमात्मा हो जाओगे। मन्दिर में जाकर परमात्मा नहीं मिलता। उस परमात्मा ने तो आदमी को बनाया है। भला आदमी परमात्मा की मूर्ति या मन्दिर कैसे बना सकता है? यही कबीर का कटाक्ष है। मन्दिर में जाकर किसे धोखा देते हो? जो परमात्मा जैसा हो जाए, वही परमात्मा का बन्दा है। **"तेरा जन एकाध है कोई!"**

कविता कितनी भी अच्छी हो, कवि की कल्पना से छोटी रहती है। चित्र कितना भी सुन्दर हो, चित्रकार की कला से छोटा रहता है। इसी तरह हमारे बनाए मन्दिर, मस्जिद और गुरूद्वारे तो हमसे भी छोटे हैं फिर वहां परमात्मा कैसे पूरा आएगा? परमात्मा को पाना है या खोजना है तो उस मन्दिर या मूर्ति में खोजना पड़ेगा जो परमात्मा ने खुद बनायी है। वह मूर्ति या वह मन्दिर, इन्सान खुद है। इस बारे में भी कबीर ने क्या खूब कहा है-**'कस्तूरी कुंडल बसै'**।

कस्तूरी तो मृग (हिरण)की अपनी नाभि में होती है पर वह उसे सारे जंगल में ढूंढता है। इन्सान भी अपने अन्दर झाँकने की बजाए सारी दुनिया में सुख की तलाश करता है। कबीर कहते हैं कि परमात्मा तुम में ही मौजूद है।

'ज्यों तिल मांही तेल है और चक्मक् में आग,
तेरा सांई तुझ में बसै, जाग सकै तो जाग।'

(चक्मक् पत्थर की एक किस्म है जिसे रगड़े जाने पर आग निकलती है।)

कबीर ऐसे युग में पैदा हुए जब ज्ञान प्राप्ति का अधिकार केवल उच्च वर्ग को ही प्राप्त था। निम्न वर्ग के लोगों को तो वेद-पाठ इत्यादि सुनने पर भी कठोर दण्ड दिए जाते थे। ऐसे समय में, जब कि सत्संग मिलना भी इतना मुश्किल था, कबीर जी ने एक जुलाहा होने के बावजूद भक्ति साधना की और ज्ञान बांटा। यह कोई आम चरित्र व मामूली साहस वाले व्यक्ति के बस की बात नहीं थी।अत: कबीर एक महाज्ञानी, महान साधक, जागरूक समाज सुधारक और निर्भीक इंसान थे।

ऐसे में यह कहा जा सकता है कि कबीर जन साधारण को जगाने के लिए रीति रिवाजों और धार्मिक आडम्बरों पर प्रहार करते थे। अपनी ताकत को पहचानते थे, अपने भीतर के परमात्मा से रूबरू थे, सो बाहर की हर बुराई से लड़ जाते थे। इसीलिए कोई हिन्दु हो या मुसलमान, सभी उन्हें अपना मानते थे। उनकी कही बातें हमारे दिलों को आज भी झंझोड़ती हैं।

कबीर-वाणी

कबीर अनपढ़ थे, इस सच्चाई पर विश्वास करना बहुत मुश्किल हो जाता है क्योंकि कबीर वाणी में हिन्दुओं और वैष्णवों का भक्ति रस, सूफ़ियाना तस़व्वुफ (साँसारिक विषयों से विरक्ति) और इस्लाम की जानकारी का ख़ज़ाना छिपा हुआ है।

इस का सब से बड़ा कारण था, कबीर की संगति। कबीर सत्य की तलाश में इधर-उधर घूमते रहे। उस समय 'रामानन्द' का बहुत प्रभाव था। रामानन्द ने उन्हें शिष्य बनाया या नहीं, कहना मुश्किल है पर कबीर उन्हें सुनते अवश्य थे। कबीर सन्यासियों, भक्तों के साथ-साथ सूफ़ियों की सुह्बत में भी वक्त गुज़ारते रहे। वे सूफ़ियों-सन्तों की विचार गोष्ठियां भी सुनते रहे। कबीर ने शेख सादी और रूमी जैसे सूफ़ियों को भी सुना होगा क्योंकि उन की वाणी में सूफ़ी शायरों की प्रतिध्वनि भी है।

जाति-पाति, व्रत, तीर्थ इत्यादि का विरोध, कुण्डलिनी-योग का महत्त्व, धार्मिक आडम्बरों से मुक्ति, ये सब बातें जैसे नामदेव की वाणी में कही गईं थीं, वैसे ही कबीर वाणी में भी आईं हैं। सो कबीर पर नामदेव का भी प्रभाव प्रतीत होता है।गौतम बुद्ध द्वारा दी गई 'निर्वाण' (शून्य तत्त्व) की व्याख्या भी कबीर वाणी में मौजूद है। दास योगियों का प्रभाव भी कबीर वाणी में बहुत स्पष्ट नज़र आता है।कबीर के दोहों में, कविता में अरबी और फारसी के ऐसे सैंकड़ों शब्द हैं जो उस समय हिन्दी की आम जुबान में प्रचलित थे। इसलिए यह कहा जा सकता है कि कबीर वाणी एक अनपढ़-ज्ञानी की वाणी है।कबीर ने साबित किया है कि ज्ञान पाना और पढ़ाई-लिखाई, दोनों अलग-अलग हैं।

कबीर ने शब्द चाहे जो भी इस्तेमाल किए हों, उन का मतलब और उन का संदेश बहुत सीधा और साफ था।

सीधी-सादी बात में इतना वज़न और प्रभाव होता है कि उसके सामने वेद-पुराण भी हल्के और असर विहीन मालूम पड़ते हैं। कोई पंडित प्रार्थना करता है तो संस्कृत या ऐसी भाषा चुनता है जो आम प्रचलित न हो, जो समझ में न आए। यदि समझ आ गई तो वह आम प्रार्थना है। कुछ समझ में न आए तो लगता है कि गहरा मतलब होगा, कुछ रहस्यपूर्ण है। इसलिए पंडित की पूरी कोशिश होती है उसकी प्रार्थना लोगों को समझ न आए। इसके ठीक विपरीत ज्ञानी बेहद सरल होता है। उसके शब्द चाहे मुश्किल हों पर संदेश सीधा दिल पर चोट करता है। ज्ञानी की बात इतनी आसान लगती है कि हमें लगता है, इस में समझने को कुछ भी नहीं है, यह सब तो हम जानते हैं। इसीलिए ज़्यादातर लोग पंडितों और पूजा-पाठ के चक्कर में फँसे रहते हैं और ज्ञानियों से वंचित रह जाते हैं। इस बात को समझाने के लिए कबीर के एक दोहे पर विचार करते हैं-

'जग सूं प्रीत न कीजै, समझै मन मोरा।
सवाद हेत लिपटाइए, को निकसै सूरा।।'

इस दोहे में कबीर ने स्वयं से बात करते हुए, हर आम-खास की जीवन शैली पर चोट की थी। उन्होंने कहा कि जग से प्रीत न करो। यह बहुत ही साधारण सी बात लगती है लेकिन भाव यह है कि हर इन्सान अपनी सोच, अपने मन से, अपनी इच्छाओं के अनुसार अपना संसार खुद बना लेता है। हर एक इन्सान अपने मन द्वारा निर्मित संसार के पीछे भाग रहा है। कबीर ने इस दोहे में कहा है कि अपने-अपने संसार से इतना मोह न डालो कि अपने सिवा कुछ नज़र ही न आए। वे स्वयं से कहते हैं कि 'हे मेरे मन समझ जा, यह नादानी न कर'। अपने लोभ के कारण, अपनी भूख के कारण, तू अपने संसार से

चिपका बैठा है। इस बात को समझ कर भी लोग आँखें मूंद लेते हैं। कोई शूरवीर, कोई ताक़तवर, जो अपनी इन्द्रियों को जीत ले, वही इस माया-जाल से निकल सकता है। **'को निकसै सूरा।'**

सामाजिक आडम्बरों और धार्मिक मान्यताओं पर कबीर द्वारा किए गए तीखे प्रहारों और लोगों को असली धर्म से अवगत करवाने के लिए किए गए कटाक्षों पर हम आगे उनके दोहों की सरल व्याख्या में विचार करेंगे। कबीर ने मौत के बारे में, परमात्मा और गुरू के प्रति श्रद्धा के बारे में भी बहुत कुछ बोला है। अलग-अलग समय पर कबीर वाणी से उन की आन्तरिक स्थिति में हो रही निरन्तर प्रगति भी साफ झलकती है।

आध्यात्मिक प्रगति करते-करते कबीर ने परम ज्ञान पा लिया। अनन्त जन्मों की यात्रा रही होगी। जब कोई फूल खिलता है तो उसकी सुगन्ध खुद-ब-खुद फैलने लगती है। कबीर का परम चैतन्य खिला तो शब्द स्वयं किसी झरने की तरह बहने लगे होंगे। जो कुछ उन्हें दिखा, वह चाहते थे कि वह औरों को भी नज़र आए । लोगों को भटकाने वालों पर उन्हें गुस्सा आता। नर्क का भय दिखाकर कर्म-काण्ड करवाने वालों पर उन्हें गुस्सा आता। कबीर कहते-

'साहिब मेरौ एको दूजा नांही कोए।
जो साहिब दूजा कहै दूजा कुल का होए।।'

एक परमात्मा के बन्दे को अलग-अलग देवताओं को प्रसन्न करने के लिए पूजा-पाठ, उपाय करने की क्या ज़रूरत है? जो ऐसा मार्ग दिखाए, वह इन्सान नहीं हो सकता। उन्हें लोगों के समर्पण भाव पर हैरानी होती थी और उनके मन में संदेह उठता था कि जो परमात्मा इतना पास है, उसे लोग क्यों नहीं देख पा रहे। लोग क्या झूठे आडम्बरों, मूर्ति-पूजा और रीति-रिवाज़ों में

फँसे हुए हैं? यह शब्द जीज़स ने भी कई बार दोहराए कि लोगों के पास कान्न हैं पर वे सुनते नहीं। लोगों के पास आँखें हैं पर वे देखते नहीं। कबीर ऐसे लोगों पर दया भी करते थे और समझाते थे:

'ऐसन साहिब कबीर, सलोना आप।
नहीं जोग नहीं जाप, पुन्न नां ही पाप।।'

कबीर कहते हैं कि मेरा साहिब मुझ जैसा ही है। जैसे तुम हो, वैसा ही परमात्मा है। परमात्मा यदि वृक्ष है तो तुम उस के फल हो। वृक्ष को उस के फल के नाम ही से जाना जाता है। अपनी शक्ति को पहचानो। तुम्हें किसी मन्त्र जाप की या योग सिद्धि की आवश्यकता नहीं है। अपनी उस आन्तरिक शक्ति को जगाओ, जिस से अन्जान हो। शक्ति जाग गयी तो पाप-पुण्य कुछ नहीं बचेगा, सिर्फ परमात्मा बचेगा।

आत्मा की गहराई से निकले शब्द कभी मरते नहीं। ऐसे शब्द जो दूसरों को जगाने के लिए कहे जाएं, वे बूढ़े नहीं होते।बल्कि समय गुज़रने के साथ-साथ और जवान होते चले जाते हैं।

'कबीर' नामक पुस्तक में 'डा. हज़ारी प्रसाद द्विवेदी' ने लिखा है कि भाषा के ऊपर कबीर का ज़बरदस्त अधिकार था। भाषा कबीर के आगे लाचार-सी नज़र आती है। उसमें मानो इतनी हिम्मत ही नहीं है कि इस लापरवाह फक्कड़ की किसी फरमाइश को इन्कार कर सके। ऐसी ताकत बहुत कम लेखकों में पाई जाती है।

कबीर की प्रामाणिक वाणी

कबीर की प्रामाणिक वाणी का संकलन बहुत मुश्किल काम है। कबीर ने स्वयं तो कागज़ कलम को छुआ तक नहीं क्योंकि वे पढ़ना लिखना नहीं जानते थे। वे या तो सुनते थे या बोलते थे, इसलिए उन के द्वारा जो कुछ भी कहा गया था, उसे वाणी ही कहा जा सकता है। उस समय टेप रिकार्डर भी नहीं थे, जो उन की वाणी ज्यों की त्यों संजो लेते। कबीर के शिष्य ही उन की वाणी को लिपिबद्ध करते थे।

कबीर वाणी के अनेकानेक संग्रह विभिन्न पुस्तकालयों और संग्रहालयों में मिलते हैं। कबीर की समूची वाणी कभी किसी एक व्यक्ति ने इकट्ठी नहीं की होगी। यह कार्य है भी अति कठिन, इसलिए अलग-अलग जगहों पर उपलब्ध किसी भी ग्रन्थ या संकलन को सम्पूर्ण नहीं माना जा सकता। इस समय मुख्य रूप से हमारे पास तीन परम्पराओं के सम्पादित ग्रन्थ उपलब्ध हैं। जिन में कबीर वाणी दर्ज है।

1. **'श्री गुरू ग्रन्थ साहिब'** - पंजाबी पाठ परम्परा।
2. **'कबीर ग्रन्थावली'** - राजस्थानी पाठ परम्परा।
3. **'बीजक'** - पूर्वी (अवधी) पाठ परम्परा।

कबीर का अध्ययन करने वाले विद्यार्थियों इत्यादि के लिए इन तीनों ग्रन्थों में दर्ज, कबीर वाणी को पढ़ना ज़रूरी है। इनमें से किसी एक को सम्पूर्ण रूप से कबीर वाणी का समग्र रूप नहीं कहा जा सकता।

1 **'श्री गुरू ग्रन्थ साहिब'**- कबीर वाणी का सबसे प्रामाणिक स्रोत गुरू ग्रन्थ साहिब ही है। इसका संकलन गुरू 'श्री अर्जुन देव जी' ने सन् 1604 (संवत् 1661) में किया था।

'आदि ग्रन्थ' के संकलन के समय, कबीर जी की मृत्यु हुए लगभग 100 वर्ष हो गए थे। कहने वाले कहते हैं कि 100

वर्षों में कबीर की वाणी में कई बदलाव आ गए होंगे। परन्तु वे यह नहीं जानते कि 'श्री गुरू नानक देव जी' ने कबीर और कई अन्य भक्तों की वाणी अपने पास इकट्ठी करनी शुरू कर दी थी। कई विद्वानों ने तो कबीर और नानक की भेंट होने का ज़िक्र भी किया है। गुरू नानक देव जी और उन के बाद हुए सिख गुरूओं के पास कबीर वाणी मौजूद थी, इस तथ्य के कई अकाट्य प्रमाण मौजूद हैं। गुरू नानक देव जी ने अपने कई शब्द कबीर वाणी से संवाद रचाते हुए लिखे हैं। इस बारे में 'भगत वाणी सटीक' में प्रिंसिपल 'साहिब सिंह जी' लिखते हैं कि इस में कोई शक नहीं कि गुरू नानक देव जी के कई श्लोक कबीर वाणी से प्रेरित हैं और यह कुदरती नियम के अधीन ही होता है।

इस तथ्य के आधार पर यह कहा जा सकता है कि कबीर के समय में ही संकलित कर ली गई उन की वाणी भाषा की दृष्टि से भी खरी है। श्री गुरू ग्रन्थ साहिब सिखों के लिए 'देवस्वरूप' (पूजनीय) ग्रन्थ है, सो सन् 1604 से ही इसमें छेड़-छाड़ अथवा बदलाव की कोई सम्भावना नहीं है। अन्य किसी भी भक्त की वाणी से कहीं ज़्यादा कबीर वाणी, श्री गुरू ग्रन्थ साहिब में दर्ज है।कबीर के मुख्य रूप से 225 शब्द, 1 बावन अक्षरी, 1 थिति, 1 सत्तवारा और 243 सलोक, आदि ग्रन्थ में सतरह (17) भिन्न-भिन्न रागों में संकलित हैं। कबीर वाणी के ये शब्द भजन और गीता की विधि अनुसार ही हैं।

-----संत कबीर (प्रो. ब्रह्मजगदीश)
पृष्ठ 28 एंव 55

2. **'कबीर ग्रन्थावली'**- कबीर ग्रन्थावली के अन्तर्गत् बाबू श्यामसुन्दर दास, डा. माता प्रसाद गुप्त और डा. पारसनाथ तिवारी, तीनों के ही संस्करण आते हैं।

i. बाबू श्यामसुन्दर दास द्वारा संपादित ग्रन्थावली दो प्राचीन हस्तलिखित प्रतियों पर आधारित है। इसमें 'श्री गुरू ग्रन्थ साहिब' में संग्रहित, कई साखियों और पदों को परिशिष्ट में जोड़ दिया गया है, जो मूल ग्रन्थ में समाविष्ट नहीं हैं। इस ग्रन्थावली में 809 साखियाँ, 400 पद और 7 रमैनियाँ संग्रहित हैं।

------कबीर मीमांसा (राम चन्द्र तिवारी)

ii. डा. माता प्रसाद गुप्त ने भी अपने संस्करण में कबीर वाणी की उसी परम्परा की सर्वाधिक प्राचीन स्थिति का पाठ दिया है, जिस का उपयोग बाबू श्यामसुन्दर दास के संस्करण में हुआ है। इस प्रकार यह संस्करण बाबू दास जी के संस्करण को नवीन प्राण प्रतिष्ठा प्रदान करता है।

iii. 'राम चन्द्र तिवारी' जी की प्रस्तुति 'कबीर मीमांसा' के अनुसार, कबीर ग्रन्थावली के तीसरे संस्करण में, कबीर वाणी के संपादक 'डा. पारसनाथ तिवारी' ने अत्याधिक श्रम किया है। (उन्होंने (पारसनाथ तिवारी) कबीर के नाम से प्रचलित प्रतियों की एक बड़ी सँख्या में से 9 शाखाओं) की कुल 17 प्रतियों को चुन कर उनका विस्तृत तुलनात्मक अध्ययन किया है। उन्होंने कबीर वाणी का प्राचीनतम् प्रामाणिक पाठ निर्धारित करने का प्रयत्न किया है। इस प्रकार डा. पारसनाथ तिवारी जी ने कबीर के नाम से प्रचलित विपुल सामग्री की परीक्षा करके उसमें से सार तत्त्व ग्रहण करने का प्रयत्न किया है। उन्होंने कहा है "विभिन्न हस्तलिखित तथा मुद्रित प्रतियों में, कबीर के नाम से कुल मिला कर हम लगभग 1600 पद, 4500 साखियाँ और 134 रमैनियां मिली हैं।"

----कबीर ग्रन्थावली (प्रस्तावना)

इनमें से डा. पारसनाथ तिवारी ने 200 पदों, 744 साखियों और 21 रमैनियों को अपनी ग्रन्थावली में स्थान दिया। इस संस्करण का अनुसन्धान-क्रम में अपना विशेष स्थान है।

3.**'कंबीर बीजक'**- कबीर ग्रन्थावली के संपादक डा. पारसनाथ तिवारी ने कबीर बीजक के 32 संस्करणों का उल्लेख किया है। बीजक का आधुनिक दृष्टि से प्रथम सम्पादित संस्करण 'डा. शुकदेव सिंह' द्वारा रचित है। इस संस्करण का महत्त्व निर्विवाद है। डा. सिंह ने घोर परिश्रम से आधुनिक पाठानुसंधान प्रक्रिया के आधार पर जाँच करके 48 रमैनियों, 115 शब्दों, 353 साखियों, 12 कहरों, 12 बसंतों, 2 वेइलियों, 1 बिरहुली, 2 चाँचरियों, 3 हिडोलों, 1 चौंतीसी और 1 विप्रम तीसी को प्रामाणिक मानकर, अपने बीजक में स्थान दिया है।

----कबीर मीमांसा (राम चन्द्र तिवारी)

कबीर की प्रामाणिक वाणी को संजोकर रखना, उस का अध्ययन करना, दीक्षा देना और कबीर वाणी के ज्ञान को जन साधारण में बाँटने का काम, आज भी देश-विदेश में चल रहा है। कई पंथ, मठ और प्रचार सभाएं इस काम में पूरी तन्मयता से जुटी हुई हैं। इन में से कुछ निम्नलिखित हैं-

1. श्री कबीर धर्म स्थान, खरसिया (छत्तीस गढ़)
2. सद्गुरू कबीर प्राकट्यधाम लहरतारा, वाराणसी (उ.प्र.)
3. कबीर मन्दिर, वोनतेर, वाक्वा (मारिशस)
4. कबीर सत्धर्म प्रचारणी सभा, ईदगाह रोड, (दिल्ली)

कबीर का जीवन
(जन्म)

'कबीर' का जन्म 13वीं सदी के अन्त में हुआ था। कबीर पंथियों के प्रसिद्ध ग्रन्थ 'कबीर चरित्र बोध' के अनुसार, कबीर जी का जन्म सन् 1398 में हुआ था।

कबीर पंथी भक्तों, सन्तों और जिज्ञासुओं द्वारा कबीर के जीवन और व्यक्तितत्व पर प्रकाश डालने वाले अनेक ग्रन्थ लिखे गए हैं। श्री केदारनाथ द्विवेदी ने अपने शोध-प्रबंध 'कबीर और कबीर पंथ' में, अपनी त्रैवार्षिक खोज-रिपोर्ट (सन् 1409-1411) में एक हस्तलिखित प्रति का उल्लेख किया है। इस प्रति का लिपिकाल सन् 1576 है। यह प्रति श्री द्विवेदी जी को पुरी के कबीरचोरा में ताड़पत्र पर उड़िया लिपि में लिखी हुई प्राप्त हुई थी। इस प्रति में कबीर साहब की जन्म तिथि संवत् 1455 की ज्येष्ठ पूर्णिमा बताई गयी है। विक्रमी संवत् को सन् में परिवर्तित करने पर सन् 1398 ही बनता है। अन्य बहुतेरे विद्वान भी इसी वर्ष को कबीर साहब का जन्म वर्ष मानते हैं।

इन के इलावा प्राचीन साहित्य में नाभादास कृत 'भक्तमाल' (संवत् 1642) और गुरू अर्जुन देव जी द्वारा सम्पादित 'श्री गुरू ग्रंथ साहिब' (संवत् 1661), इत्यादि में कबीर के जीवन का वर्णन तो अवश्य है परन्तु उनके जन्म सम्बन्धी उल्लेख नहीं मिलता। कबीर के समकालीन अथवा उनके बाद हुए सन्तों व भक्तों ने कबीर का ज़िक्र तो किया परन्तु कबीर के जन्म सम्बन्धी अकाट्य तथ्यों का वर्णन नहीं किया।

साम्प्रदायिक साहित्य में 'कबीर मंशूर' भी उन का अवतर्ण 'काशी' के लहरतारा तालाब में, एक कमल पुष्प पर संवत् 1455 (सन् 1398) का ही मानता है।

कबीर जी का जीवन भी अन्य धार्मिक महापुरूषों की भांति कई मिथकीय मान्यताओं अथवा अलौकिक चमत्कारपूर्ण घटनाओं से भरा हुआ है। उन के जन्म, नामकरण व जीवन के सम्बन्ध में जानने के लिए एक बार फिर प्राचीन साहित्य, साम्प्रदायिक साहित्य व उन के समकालीन या उन के बाद हुए सन्तों की वाणी की समीक्षा करनी होगी।

'कबीर मंशूर' में उन के काशी के लहरताला तालाब में कमल के फूल पर अवतरित होने की घटना अंकित है। कई विद्वान उन का जन्म स्थान 'मगहर' मानते हैं तो कई विद्वान आज़मगढ़ ज़िले के एक गांव 'बेलहरा' को उन का जन्म स्थान मानते हैं। प्राचीन व साम्प्रदायिक साहित्य में इस बात को लेकर समानता है कि उन का पालन पोषण 'नीरू' व 'नीमा' नामक दम्पत्ति ने किया था, जो कि जुलाहे थे। 'कबीर साहिब की परिचयी' में दर्ज है कि वह एक सांवले रंग के और सुन्दर आकृति के व्यक्ति थे। अपनी उम्र के प्रथम 20 वर्षों तक उनमें कुछ ख़ास आध्यात्मिक उन्नति नहीं हुई थी।

प्रियादास कृत 'भक्तमाल की रसबोधिनी टीका' (संवत् 1702) के अनुसार कबीरदास कपड़ा बुनते व बेचते थे, उन्हें रामानन्द जैसा पहुँचा गुरु तब मिला जब वह पंचगंगा घाट की सीढ़ियों पर उनकी खड़ाऊं से टकरा गए। 'सिंकन्दर शाह लोधी' व 'राजा वीर सिंह' कबीर के समकालीन थे।

उन के नामकरण के बारे में भी एक रोचक कहानी है। उन के लिए नाम ढूंढते समय 'कबीर' नाम निकला। कबीर

भगवान का सम्बोधन था इसलिए सब ने सोचा कि एक जुलाहे के बेटे का नाम कबीर नहीं होना चाहिए। अन्य नाम ढूंढने पर 'जिन्दा पीर' या 'हक़' शब्द निकले। ये भी पवित्र नाम थे, इससे लोग डर गए और यहां तक सोचने लगे कि इस बालक को मार दिया जाए। अन्त में उन का नाम कबीर ही रखा गया।

नाभादास कृत 'भक्तमाल' (संवत् 1642) में दर्ज है कि कबीर ने भक्ति विरोधी धर्म को अधर्म कहा। भक्ति के समक्ष उन्होंने योग, यज्ञ, व्रत, दान सभी को तुच्छ बताया। उन के द्वारा कथित रमैनी, शब्द और साखी, हिन्दुओं और तुर्कों दोंनों के लिए प्रामाणिक हुईं। बहुतेरे कबीर पन्थी कबीर जी को गृहस्थ नहीं मानते। उन के अनुसार कबीरदास ने शादी नहीं करवाई थी। परन्तु कई विद्वान उन्हें गृहस्थ मानते हैं। कहा जाता है कि उन की पत्नी का नाम 'लोई' था। 'कबीरः हिज् बॉयोग्राफी' पेज नः 32 पर डा. 'मोहन दीवाना' लिखते हैं कि कबीर जी के दो पुत्र 'कमाल' व 'जमाल' और दो पुत्रियां 'कमाली' व 'जमाली' थे। कबीर ने भक्ति मार्ग पर सच्चे साधक के रूप में वर्ण आश्रम व जातिवाद का विरोध किया।अद्वैत को साधा और किसी को भी जाति या ताकत के आधार पर श्रेष्ठ नहीं माना। अपने ज्ञान को उन्होंने बांटा, ताकि आने वाले समय में लोग भेद-भाव व अज्ञान से उपर उठ सकें। उन के नौ शिष्य थे। कमाल, कमाली, पद्यनाभ, रामकृपाली, नीर, धीर, ज्ञानी, धर्मदास और हरदास।

कबीर जी की वाणी और चिन्तन में उन के युग की पीड़ा व सन्ताप को आसानी से महसूस किया जा सकता है। जुलाहा वर्ग को उस समय शूद्रों में शुमार किया जाता था। ब्राह्मणों ने ग्रंथों में शूद्रों को बहुत तिरस्कृत किया था। 'शत्तपथ' अनुसार दीक्षित व्यक्ति का शूद्रों से बात करना वर्जित था। 'मनु' अनुसार शूद्रों के लिए वेदों का अध्ययन वर्जित था। यदि कोई शूद्र, वेद-पाठ सुनता पकड़ा जाता तो उसके कानों में लाख या शीशा पिघला कर डालने का हुक्म था।

कबीर ने कोई पढ़-लिख कर विचार निर्माण नहीं किया था, बल्कि जीवन के अनुभवों ने उन्हें खुद तैयार किया था। कबीर को सूफ़ी, वेदान्ती, रहस्यवादी जाने क्या-क्या कहा गया, परन्तु उन का आन्तरिक विकास आहिस्ता-आहिस्ता हुआ। इस बात की जानकारी, उन के अपने वचनों से मिलती है। सगुण से उन का झुकाव रहस्यवाद की ओर हुआ। रहस्य ने उन्हें शून्य, अशरीरी अनुभवों तक पहुंचाया। साधु बन कर, घर का त्याग उन्होंने नहीं किया। वह सांसारिक कार्य करते-करते ही सांसारिक विषयों से उठने की प्रेरणा देते थे।

घर में जोग, भोग घर ही में
घर तज, बन नहीं जावै।

कबीर ने राम के नाम को अपना गुरु-मन्त्र बनाया। स्वामी रामानन्द के शिष्य भी राम को ही गुरु-मन्त्र मानते थे। कहा जाता है कि एक बार कबीर जी जानबूझ कर पंचघाट गंगा तट पर रामानन्द से टकरा गए। रामानन्द के मुंह से राम-राम

निकला और इसी राम नाम को कबीर ने अपना गुरु-मन्त्र बना लिया।

कुछ विद्वान जैसे मैल्कम वासकाट, डा. आर. एल. त्रिपाठी व गुलाम सरवर आदि मानते हैं कि कबीर जी के गुरु 'शेख़ तकी' थे। पर कबीर जी की वाणी में कहीं किसी भी ऐसे गुरू का उल्लेख नहीं मिलता, जिस ने उन्हें ज्ञान दिया हो। दरअसल कबीर ने सारा ज्ञान बैरागियों, सूफ़ियों, सन्तों और जोगियों की संगत में बैठ कर प्राप्त किया था। राग सूफ़ी के एक शब्द में कबीर खुद कहते हैं।

'संता कऊ मति, कोई निदंहू, सन्त राम है एको,
कहे कबीर मैं सौ गुरू पाया, जा का नाऊं विवेको।'

सो कबीर का सच्चा गुरु उन का अपना विवेक, अपनी सोच थी। अपने सच्चे रूप को पाना ही उनका उद्देश्य व प्रचार था। कबीर पंथी सत्तनाम को ही गुरु-मन्त्र मानते हैं। कबीर ने इन्सान के कर्मों से ज़्यादा भाव को महत्ता दी। वे कहते थे

'साधू भूखा भाव का, धन का भूखा नांही।
धन का भूखा जो फिरे, सो तो साधू नांही।'

पवित्र भाव व निर्मल मन पाने के साथ-साथ उन्होंने ध्यान की ऐसी ऊँचाई को भी छुआ, जहाँ शरीर बोध समाप्त हो जाता है। इस बात का पता उन के इस श्लोक से चलता है।

'भला हुआ मेरी मटकी फूटी,
मैं पनिया भरन से छूटी।'

यहां कबीर की उस मनोस्थिति का ज़िक्र है जहां ध्यान में कबीर का शरीर बोध टूट गया था। यह ध्यान की वह गहराई है जहां साधक अपनी आत्मा की अवस्था पाता है। जब हम शरीर ही न हों तो शरीर के सुख के लिए कुछ भी करने की क्या ज़रूरत है? अपने शिष्यों 'धर्म दास' इत्यादि से संवाद में कबीर ने उन्हें ज्ञान देते समय, मानव शरीर व मन के उन गहनतम रहस्यों को उजागर किया, जो आज भी विज्ञान की पकड़ में नहीं हैं।

अपने जीवन में कबीर ने मानव चेतना के उस शिख़र को छू लिया था जहां इन्सान को भगवान की नहीं बल्कि भगवान को इन्सान की ज़रूरत होती है। हर बन्धन और हर तृष्णा से आज़ाद, वह क्या आलम होगा जहां पहुंच कर कबीर कहते थे-

'मन अब निर्मल भयो, जा गंगा का नीर,
हरि पीछे फिरत मोरे, करत कबीर- कबीर।'

(मृत्यु)

कबीर अपने शरीर से आगे निकल चुके थे। अपना आत्मा स्वरूप देख चुके थे। अपने जीवन में उन्होंने शरीर व मानव मन के गहनतम् रहस्यों को समझ लिया था और अपने शिष्यों को भी इन तथ्यों से अवगत् करवाया था। शरीर की मौत आम लोगों के लिए जीवन का अन्त हो सकती है, परन्तु कबीर जैसे आत्मज्ञानी इसे महाजीवन की एक कड़ी मानते हैं। कबीर जी ने इस बारे में कहा भी था-

''जा मरने से जग डरे, मेरे मन आनन्द,
कब मरिहौं, कब पाइहौं, पूरन परमानन्द।''

उन्होंने समझ लिया था कि शरीर की मौत, मौत नहीं है, केवल मूर्छा भर है। उन्होंने हर किसी को प्रेरित करने की कोशिश की, ताकि आत्म साक्षात्कार द्वारा मौत के भय से छुटकारा पाया जा सके। कबीर ने यहां तक कहा कि हमारी मौत तभी संभव है यदि परमात्मा भी मर जाए । यदि परमात्मा नहीं मरता तो हम, जो उसी के अंश हैं, कैसे मर सकते हैं?

'हरि मरिहैं तो हमहूं मरि हैं।
हरि न मरै, हम काहे को मरि हैं।।'

बैरागियों, सूफ़ियों, सन्तों और योगियों के सानिध्य में और ध्यान-साधना की गहराईयों में उतर कर, कबीर यह बात जान चुके थे कि शरीर बोध के छूटने और आत्मा रूप में अपनी सच्ची पहचान मिल जाने पर जीव परमात्मा में विलीन हो जाता है। जन्म-मरण के चक्कर से छूट जाता है । या यूं कहिए कि परमात्मा को पाने के लिए बहुत लोग लालायित रहते हैं पर परमात्मा उन्हीं को चुनता है जो पूरी तरह तैयार हो जाते हैं।परमात्मा की पूजा में पूरी तरह से खिले हुए फूल ही इस्तेमाल

होते हैं, कच्ची कलियों को नहीं तोड़ा जाता। कबीर कहते हैं कि जो कृष्ण, जीज़स, बुद्ध व राम इत्यादि, पूरी तरह तैयार थे, उन्हें परम पिता ने अपने आलिंगन में ले लिया है। पर कल हमारी भी बारी आने वाली है। एक दिन हम भी मोक्ष पाएंगे।

"माली आवत देखिकर, कलियन करी पुकार।
फूले फूले चुन लिए, काल्हि हमारी बार।"

कबीर जैसे सर्वज्ञाता मौत को भी क्रान्ति बना लेते हैं। यह जानते हुए भी कि मौत का कोई अस्तित्व नहीं है, वह आम लोगों में जागृति लाने के लिए या रस्मों-रिवाज इत्यादि को तोड़ने के लिए, अपने अन्त को भी शिक्षा बना देते हैं।

कबीर ता-उम्र सामाजिक ढांचे पर, धार्मिक मान्यताओं पर और ऐसे रीति-रिवाजों पर प्रहार करते रहे, जिनसे कमज़ोर लोगों का शोषण होता था या जिनसे मानव चेतना के विकास में बाधा उत्पन्न होती थी। कबीर ने अपनी मौत का इस्तेमाल भी एक ऐसी ही धार्मिक मान्यता को तोड़ने के लिए किया।

क्या यह संभव है कि किसी खास स्थान पर मृत्यु होने से स्वर्ग मिले और किसी अन्य ख़ास स्थान पर मृत्यु होने से जीव की अधोगति होती हो? जी हां कबीर के युग में लोगों को पक्का विश्वास था कि बनारस एक पवित्र नगरी है। यदि किसी का देहान्त गंगा किनारे बसे 'काशी' में होता है तो वह सीधा स्वर्ग पहुंच जाएगा। सारी उम्र में चाहे उस इन्सान ने परमात्मा को याद किया हो अथवा न किया हो। रात को नशे में धुत, घर आकर चाहे वह बीवी-बच्चों से मारपीट करता हो। चाहे अपने बुज़ुर्ग माँ-बाप से अभद्र व्यवहार करता रहा हो। बावजूद इसके कि उस ने ता-उम्र लोगों को धोखा दिया हो और झूठ बोला हो। चाहे अपनी कौम और मानवता का बुरा किया हो, परन्तु यदि वह

अपने जीवन के अन्त में 'बनारस' पहुंच जाए और अपनी देह वहां त्यागे तो स्वर्ग के दरवाज़े उस को खुले मिलेंगे।

इसके ठीक विपरीत 'बनारस' से कुछ दूर बसे 'मगहर' (गोरखपुर) के बारे में यह मान्यता थी कि यदि कोई व्यक्ति सारी उम्र संयम, परोपकार, नियम व आध्यात्म के रास्ते पर चला हो। चाहे उसने लोगों का भला किया हो, कमज़ोरों की मदद की हो। चाहे परमात्मा की तलाश में अपनी सारी ज़िन्दगी भी लगा दी हो। यहां तक कि वह कोई पहुंचा हुआ दरवेश, सन्त ही क्यों न हो, यदि उस की मृत्यु 'मगहर' में होगी तो उसे अपना अगला जन्म गधे की योनि से लेना होगा। गधा बन कर जीना पड़ेगा और दुबारा-दुबारा जन्म लेने होंगे। इससे ज़्यादा बेकार, असंगत व तर्क रहित मान्यता कोई नहीं हो सकती थी। इस मान्यता को तोड़ने और झुठलाने के लिए कबीर ने प्रवचन का नहीं बल्कि अपनी जर्जर हो रही देह का सहारा लिया।

कबीर ने अपनी देह त्यागने के लिए पूरे संसार में से 'मगहर' को चुना। कबीर महान थे, उन की सोच महान थी। समाज का एक बड़ा तबका उन की विचारधारा की इज़्ज़त करता था। कबीर जानते थे कि अब उनके अनुयायी उन का विरोध करेंगे। ठीक ऐसा ही हुआ, उन के दोस्त, अनुयायी और समाज, सब उन के विरोधी हो गए। उन्हें सुनने वाले रोते-बिलखते अपने मार्ग-दर्शक के सन्मार्ग से हट जाने का विलाप करने लगे। 'इसाक इज़ीकील' नामक एक अँग्रेज़ लेखक ने अपनी किताब 'कबीर दी ग्रेट मिस्टिक' में इस स्थिति को हास्यापद और निराशाजनक बताया। 'इसाक' ने लिखा कि क्या कबीर का पढ़ाया हर सबक बेकार गया? क्या लोग कबीर को अपनी धारणाओं और मान्यताओं को पकड़े रख कर सुनते रहे?

कबीर एक सन्त थे और सन्त यह नहीं सोचता कि दुनिया उसके बारे में क्या सोचती है। कबीर का इरादा और दिशा पक्की थी। उन्होंने सामान बाँधा और 'मगहर' की ओर कूच कर गए। श्री गुरू ग्रन्थ साहिब में दर्ज कबीर के निम्नलिखित पदों की सत्यता संदेह से परे है।

"सगल जन्म सिव पुरी गवाइया।
मरति बार मगहरि उठि आइया।।
बहुतु बरस तपु कीआ कासी।
मरनु भइआ मगहर को बासी।।
कासी मगहर सम बीचारी।
ओछी भगति कैसे उतरसि पारी।।
कहु गुरू गजि सिव सभु कौ जानै।
मुआ कबीरू रमत स्री रामै।।"

श्री गुरू ग्रन्थ साहिब
राग गऊड़ी, पद 15, पुष्ठ 326

"तोरे भरोसे मगहर बसिऔ मेरे तन की तपनि बुझाई।
पहले दरसनु मगहर पाइओ पुनि कासी बसे आई।।
जैसा मगहर तैसी कासी हम एकै करी जानी।
हम निरधन जिऊ इहु धन पाइया मरते फूटि गुमानी।।"

श्री गुरू ग्रन्थ साहिब
शि०, गु०, प्र० क०, 1961, पृष्ठ-969

इन दोनों पदों से यह सिद्ध होता है कि कबीर को अपनी भक्ति पर अखण्ड विश्वास था। वह मानते थे कि सच्चा भक्त सदा प्रभु की कृपा का पात्र बना रहता है। वह अपने अन्तिम समय में भी अपनी चिन्ता न करके लोगों की आँखें खोलने के लिए प्रयत्नशील थे।

कबीर की मृत्यु 'मगहर' (गोरखपुर) में हुई थी, यह तथ्य निर्विवाद है परन्तु उन की मृत्यु कैसे हुई इस बारे में कई कथाएं प्रचलित हैं। कहा जाता है कि 'सिकन्दर शाह लोधी' जब काशी आया तो वहां के काज़ी और मुल्ला ने उन से कबीर की

शिकायत की। कबीर को बुला कर सफाई मांगी गई और फिर उन्हें सज़ा में हाथी से कुचलवाने या गंगा में डुबोने का आदेश दिया गया। 'कबीर ग्रन्थावाली' में डा. पारसनाथ तिवारी ने कबीर अनुयायियों के कहे पद प्रस्तुत किए हैं, जो कबीर के उत्पीड़न को दर्शाते हैं।

"आही मेरे ठाकुर तुम्हारा जोर।
काज़ी बकिवा हस्ती तोर।।
बाँधी भुजा भलैं करि डार्यो।
हस्ती कूप मूंड में मार्यो।।
भग्यो हस्ती चीसां मारी।
वा मूरत की मैं बलिहारी।।"

कबीर ग्रन्थावली, पद 23, पृष्ठ-14

"मन न डिगै तनु काहे को डेराई।
चरन कमल चितु रह्यो समाई।।
गंगा गुसांइनि गहिर गँभीर। जंजीर बाँधि करि खरे कबीर।
गंगा की लहरि मेरी टूटी जंजीर। म्रिग छाला पर बैठे कबीर।।
कहै कबीर कोऊ संग न साथ। जल-थल मैं राखै रघुनाथ।।

कबीर ग्रन्थावली, पद 24, पृष्ठ-15

पहले पद में कबीर को हाथी से कुचलवाने और दूसरे में उन्हें गंगा में डुबोने की घटना का उल्लेख है। दोनों बार भगवान को उन की रक्षा करने वाला बताया गया है। इन पदों में 'सिकन्दर शाह' का कोई ज़िक्र नहीं है।

सन्तों की वाणी हमेशा ही कट्टरपन्थियों और समकालीन शासकों को बुरी लगती रही है परन्तु इस बात का कोई ठोस प्रमाण नहीं है कि किसी सज़ा के तहत कबीर ने प्राण त्यागे हों। वस्तुत: सन्तों और भक्तों के व्यक्तित्व को बढ़ा-चढ़ाकर पेश करना, चमत्कारों का वर्णन करना, समकालीन शासकों से बैर अथवा उन पर प्रभाव डालने की व्याख्या करना,

आम बात है। गुरू नानक देव जी की बाबर से, दादू की अकबर से, मलूकदास की औरंगज़ेब से, बाबा लाल की दारा शिकोह से, मुलाकात की बातें प्रसिद्ध हैं। अत: यह कहा जा सकता है कि कबीर का सिकन्दर लोधी द्वारा उत्पीड़न किया जाना प्रमाणित नहीं होता।

कबीर की मौत के बाद उन के दो शिष्यों, 'वीर सिंह बघेल' जो कि बनारस के राजा थे और 'बिजली खाँ ' जो कि ग़ोरखपुर के नवाब थे, में कबीर के शव पर अधिकार को लेकर मतभेद हो गया था। वह दोनों अपने-अपने धार्मिक रीति-रिवाज के अनुसार उन का दाह-संस्कार या उन के शव को दफनाना चाहते थे। 'आईन-ए-अकबरी' नामक एक प्राचीन ग्रन्थ में इस घटना का उल्लेख है। संवत् 1655 के सम्पादित इस ग्रन्थ में दर्ज है कि कबीर का शव 'पान फूल' में बदल गया, जो हिन्दुओं और मुसलमानों में बाँट दिए गए। राजा और नवाब के झगड़े का वहाँ कोई ज़िक्र नहीं है। इस ग्रन्थ के अनुसार उन की समाधि 'रतन पुर' (अवध) और 'पुरी' (जगन्नाथ पुरी) दोनों स्थानों पर मौजूद है।

'कबीर चरित्र बोध' के अनुसार कबीर की आयु 119 वर्ष, 5 माह व 20 दिन थी। 'कबीर मंशूर' के अनुसार भी उनका देहावसान संवत् 1575 में ही हुआ। कबीर की मृत्यु के सम्बन्ध में कई तिथियों का वर्णन छन्दों में किया गया है।कबीर जनश्रुति में दर्ज एक छन्द है।...........

"संवत् पन्द्रह सौ पछतरा किया मगहर को गवन।
माघ सुदी एकादशी , रलो पवन में पवन।।"

इस छन्द अनुसार बताई गई कबीर की मृत्यु तिथि (संवत् 1575) को बहुसँख्यक विद्वानों ने ठीक माना है। सिकन्दर

लोधी संवत् 1551 में काशी आया था सो इस तिथि के अनुसार उसकी कबीर से मुलाकात की सम्भावना को बल मिलता है। गुरू नानक देव जी से भी (संवत् 1526 से संवत् 1596 के बीच), कबीर की भेंट होने की सम्भावना बनती है। सबसे अहम बात है कि कबीर (संवत् 1455 से संवत् 1575) की आयु 120 वर्ष प्रमाणित हो जाती है।

इसी तरह 'भक्तमाला की टीका' में दर्ज एक छन्द है----

**''पन्द्रह सै उनचास में, मगहर कीन्हो गौन।
अगहन सुदी एकादसी मिलो पौन में पौन।।''**

इस छन्द के अनुसार कबीर जी संवत् 1549 में मगहर गए और आगे आने वाली एकादशी के मुताबिक लगभग 2 साल बाद संवत 1551 में उन की मृत्यु हुई। इस तिथि को भी कई विद्वान सही मानते हैं। इस तिथि के मुताबिक कबीर की आयु लगभग 96 वर्ष बनती है। इसी प्रकार कबीर की मृत्यु को लेकर और कई तिथियां भी बताई गई हैं पर ऊपर बताई गई दो तिथियां ही ज़्यादातर विद्वानों को मान्य हुईं हैं।

कबीर युग का समाज व संस्कृति

जिस समय कबीर काशी में धार्मिक व सामाजिक कुरीतियों का खंडन कर रहे थे, उस समय दिल्ली के सिंहासन पर सिकन्दर लोधी विराजमान था। वह एक बेहद कट्टर और शक्तिशाली मुसलमान शासक था। उस का सारा जीवन युद्धों में ही व्यतीत हुआ था। डा. आशीर्वादीलाल द्वारा रचित 'दिल्ली सल्तनत' के पृष्ठ 318 पर अंकित है कि सिकन्दर लोधी ने सन् 1489 से 1517 ई0 के दौरान जौनपुर, काल्पी, ग्वालियर, बिहार, तिरहुत, धौलपुर, चंदेरी, बयाना आदि अनेक स्थानों पर भंयकर युद्ध किए और विजयी रहा।

उस समय कोई भी अपनी शक्ति के बल पर शासक बन सकता था। नियम अथवा संविधान कहीं लागू नहीं होते थे। जनसाधारण का राजनीति से कोई वास्ता न था। प्रजा की आर्थिक उन्नति के लिए कोई भी शासक ज़्यादा चिंतित नहीं होता था। राजस्व की वसूली ही शासक के मुख्य कार्य थे। मुसलमान विदेशी ही समझे जाते थे और राजपूत व हिन्दु सामन्त उन्हें चुनौती देते रहते थे।

(सन् 1206 से सन् 1526 तक दिल्ली में क्रमशः पाँच राज वंश -गुलाम, खिलजी, तुगलक, सैयद और लोधी- स्थापित और विघटित हो चुके थे।)

-----कबीर मीमांसा (पृष्ठ-9)

इस वातावरण में जनता कैसे समृद्ध हो सकती थी, जबकि इस समय जो यात्री भारत आए, जैसे मार्कोपोलो, इब्नबतूता व माहुआ इत्यादि, उन्होंने भारत की समृद्धि का उल्लेख किया। समृद्धि थी अवश्य, परन्तु यह मुसलमानों, उनके सामन्तों तथा पदाधिकारियों तक सीमित थी। बड़े व्यापारी व साहूकार भी सम्पन्न थे। किसानों के पास भूमि की उपज का तीसरा हिस्सा ही बचता था। प्राकृतिक आपदाएं भंयकर मुश्किलें लाती थीं।

तुर्कों के आगमन से पूर्व जब कृषि, कला-कौशल सम्बन्धी उद्योग-धंधों पर पंचायतों और शिल्प-संघों का नियन्त्रण था, तब किसानों व कारीगरों की स्थिति काफी अच्छी थी। सैंकड़ों कारखाने देश में स्थापित थे। कृषि की उपज, अफीम, नील, जस्ता और विभिन्न प्रकार के सूती-रेशमी वस्त्रों का निर्यात भी होता था। मुसलमानी शासन काल में जागीरदारी प्रथा को प्रश्रय मिला। उन्होंने उद्योग धन्धों पर भी नियन्त्रण जमा लिया। किसान और शिल्पियों का शोषण आरम्भ हो गया। एक तो जागीरदारी, उस पर आए दिन होने वाले युद्ध। सुल्तानों, सामन्तों के भोग विलास कायम थे, सो युद्धों का दुष्परिणाम भी आम जनता को ही भोगना पड़ता था।

विदेशी लोग तो राजधानियों, नगरों में जा कर इनमें रहने वाले सामन्तों और व्यापारियों के ठाठ-बाठ से मंत्रमुग्ध हो जाते होंगे, जबकि आम जनता त्राहि-त्राहि कर रही थी। कबीर से 60-65 वर्ष बाद जब 'तुलसीदास जी' के समय में 'अकबर' जैसे बेहद कुशल और व्यवस्था प्रिय शासक के जीवन काल में भी आम लोग जीविका-विहीन और असहाय महसूस कर रहे थे, तो सिकन्दर लोधी के शासन काल में उन की आर्थिक स्थिति का अंदाज़ा सहज ही लगाया जा सकता है।

कबीर के समय में सामाजिक ढाँचे में बहुत उथल-पुथल व्याप्त थी। वर्ण व्यवस्था व आश्रम धर्म के आधार पर अलग-अलग घटों में बसा ब्राह्मण समाज का ढाँचा भी लड़खड़ा रहा था। इसका सब से प्रमुख कारण भारतवर्ष में मुसलमानों का आगमन था। मुसलमानों का मज़हबी जोश और

कट्टर भातृ-भावना के कारण भारतीय समाज का उपेक्षित निम्न वर्ग इस्लाम की ओर आकृष्ट हो रहा था। इस्लाम धर्म ग्रहण कर लेने पर उन्हें कुछ सुविधाएं मिलने लगीं थीं। कभी भय, कभी प्रलोभन और कभी-कभी इन दोनों ही वजहों से सामूहिक धर्म परिवर्तन होने लगे थे। छोटे-बड़े लोगों में भेद-भाव की खाई बहुत गहरी हो गई थी। मुसलमानों में भी फकीरों, पीरों और मकबरों की पूजा होती थी। धर्म के नाम पर आडम्बर हिन्दुओं व मुसलमानों दोनों में बढ़ता जा रहा था।

स्त्रियों की दशा भी अत्यन्त दयनीय थी। सामन्तों, सुलतानों के लिए वह भोग विलासिता की वस्तु थीं। पंडित उन्हें संस्कार विहीन और शूद्रवत् मानते थे। सन्त व भक्ति के मार्ग पर चलने वाले उन्हें साक्षात् माया का रूप मानते थे। भक्त लोग ही उस के सती रूप की प्रशंसा करते थे और दरबारी कवि उस के रानी रूप की प्रशंसा करते थे, वर्ना सामाजिक तौर पर आम नारी की कोई मर्यादा नहीं थी।

तिरिया पुहुमि खरग की चेरी।
जीतै खरग होइ तेहि केरी।

------पद्मावत 618/4

इस समय में जैन व बौद्ध धर्म प्रभावहीन होते जा रहे थे। योगियों (नागपंथियों) का प्रभाव सामन्यतः सम्पूर्ण भारत में था मगर उत्तर भारत में उन की सक्रियता अत्याधिक थी। इस वक्त सब से अधिक प्रभाव भक्ति आन्दोलन का था। दक्षिण भारत से फैलत-फैलते यह महाराष्ट्र, गुजरात और राजस्थान से होकर समस्त उत्तर भारत में फैल गया था। योगियों के प्रभाव

को कम करने में वैष्णवों के भक्ति आन्दोलन का अति विशेष योगदान था। इस्लाम के अन्तर्गत भी दो धाराएं प्रवाहमान थीं। एक तो कट्टर मुल्ला-मौलवियों द्वारा पूर्ण अनुशासित मुसलमानी मज़हब की और दूसरी उन के साथ आए सूफ़ियों की प्रेम से ओत-प्रोत साधना की। सूफ़ी फकीर बेहद उदार थे। वे जनता में घुलमिल जाते थे और प्रेम से पूर्ण अपनी वाणी से सब को मंत्रमुग्ध कर देते थे।

जनता का बौद्धिक स्तर सामान्य था। अंधविश्वासियों का बोलबाला था। लोग टोना-टोटका, शकुन-अपशकुन, भूत-प्रेत, झाड़-फूँक, तंत्र-मंत्र में गहरा विश्वास रखते थे। तीर्थ-व्रत, नियम-संयम, उपवास पालन और पर्व-त्योहारों पर बताए सँस्कारों का नियमपूर्वक पालन करना ही धर्म समझा जाता था। कुल मिलाकर यह कहा जा सकता है कि कबीर के युग में समाज गतिशील नहीं था। अपने तमाम विश्वासों, रूढ़िग्रस्त आचरण, संकीर्ण व प्रेरणा रहित मानव मूल्यों के बावजूद यह नहीं कहा जा सकता कि उसका वर्णन योग्य कोई इतिहास ही नहीं है, जैसा कि अँग्रेज़ इतिहासकार विन्सैंट स्मिथ ने कहा -

" The Indian Commonalty has no history that can be told."

........Akbar the Great Mughal by Vincent Smith (Page 279)

इस्लाम का भारत में आगमन मध्यकालीन इतिहास की सबसे बड़ी घटना है। इसने हमारी सामाजिक व धार्मिक सोच को चुनौती अवश्य दी, पर इस से कोई मौलिक परिर्वतन नहीं आया। इस्लाम का इतना ही प्रभाव पड़ा कि हिन्दुओं और

मुसलमानों दोनों की दुर्बलताओं पर प्रहार करने वाले निर्गुण संतो का समुदाय उबर आया। मानवीय एकता का मार्ग प्रशस्त हुआ। मुसलमानों में हिन्दू चिकित्सा-पद्धति और ज्योतिष का प्रचार हुआ। मुसलमानों ने भारतीय शासन पद्धति से भी प्रेरणा ली। धार्मिक मामलों में यह दोनों सम्प्रदाय एक दूसरे से अलग ही रहे। यह दोनों सम्प्रदाय अपनी अपनी धार्मिक रूढ़ियों से चिपके थे। सूफ़ी संत भी इस वक्त झाड़-फूंक करने लगे थे। शैवों में अनेक सम्प्रदाय हो गए थे। वैष्णवों में भी छापा तिलक लगाकर जनता को प्रभावित करने की प्रवृति बढ़ गयी थी।

इन सभी विकृतियों को दूर कर के, एक सहज मानव धर्म प्रतिष्ठित करने की आवश्यकता थी। कबीर के आविर्भाव से इस आवश्यकता की बहुत कुछ पूर्ति हुई थी।

(कबीर दास से पहले भी भक्ति काव्य के कई प्रसिद्ध कवि हुए जिन्में से अति विशिष्ट 'जैदेव' ने बारहवीं सदी में व 'नामदेव' ने तेरहवीं सदी में लोगों का मानवता का संदेश दिया। इन का वर्णन स्वयं 'कबीर' जी के पद में होता है जो कि श्री गुरू ग्रंथ साहिब में अंकित है।)

गुरू प्रसाद जैदेव, नामा।
भक्ति के प्रेम इन्हीं है जाना।

---- राग गऊड़ी गुआरेरी (पृ-330)

सरल भाव

जिस प्रकार मनुष्य के शरीर की तीन अवस्थाएं होती हैं (बचपन, जवानी, बुढ़ापा), उसी तरह हमारी सोच और कर्मों को भी तीन दायरों में बाँटा गया है। (रजस, तमस और सत्तस)। हर इन्सान ता-उम्र इन गुणों के प्रभाव में जीता है। जिस इन्सान में तमस (बुरे) गुणों की अधिकता हो, उसे समाज में तिरस्कार और हीन भावना से देखा जाता है। राजस गुण प्रधान हो तो ताकत, पैसा, वैभव मिलता है, जग में बड़ाई होती है। सतस गुणी (परोपकारी) इन्सान लोगों का भला करता है। ऐसा इन्सान समाज में सम्मानित होता है और पूजनीय तक माना जाता है। हमारे कर्मों के अनुसार, हर गुण का प्रभाव इन्सान में घटता-बढ़ता रहता है। इन्सान को परमात्मा की प्राप्ति के लिए अथवा सच से रूबरू होने के लिए, इन तीनों गुणों से ऊपर उठना पड़ता है।

ज्ञान पथ पर भी भक्त को तीन अवस्थाओं से गुज़रना पड़ता है। पहला सच्ची प्यास, दूसरा ज्ञान प्राप्ति व तीसरा ज्ञान बाँटना। परमात्मा की पूजा चाहे पाप कर्मों के भय के कारण हो, चाहे किसी लालच (माँग) के कारण हो, ऐसी पूजा सच्ची प्यास का प्रतीक नहीं है। ग्रह दशा सुधारने के लिए दान-पुण्य करना और उपाय करना, परलोक सुधारने के लिए किसी पर उपकार करना, यह सतस गुण तो हैं परन्तु परमात्मा को पाने के उपाय नहीं हैं। इन सब कर्मकाण्डों में अपनी-अपनी माँग छिपी हुई है। परमात्मा की सच्ची उपासना शुक्राने में है, न कि माँगने में।

'मंगति नहीं हो सकदी भक्ति'

'खुशी अच्छी लगती है न मलाल अच्छा लगता है।
ख़ुदा रखे जिस में 'नाज़ी', वो हाल अच्छा लगता है।

ज्ञान की प्यास हर इन्सान में है। दरअसल हमारी आत्मा सच की प्यासी है। बूंद सागर की प्यासी है। हम संसार में सुख

ढूंढते हैं। बाहर जितना मिलता है उस से प्यास नहीं बुझती क्यों. कि सच का स्रोत हमारे अन्दर है। जो लोग भी बाहर धन या पद की तलाश कर रहे हैं, उनकी आत्मा भी असल में सच की ही प्यासी है।

कबीर की सम्पूर्ण वाणी भी इन तीन दायरों में बाँटी जा सकती है, सत्य की खोज, ज्ञान की प्राप्ति और ज्ञान बाँटना। कबीर ने जो धर्मान्धता पर कटाक्ष किए हैं वह भी ज्ञान बाँटना ही है। कबीर की चुनिंदा वाणी का हम इन्हीं तीन दायरों में अवलोकन करेंगे और उसके सरल भाव समझेंगे।

शुरूआत हम कबीर के एक दोहे से करते हैं जिस में कबीर ने माया को एक तरोवर (वृक्ष) बताया है, जो जीव को तीन गुणों (रजो, तमो, सतो) में बाँध कर अपने अधीन रखता है। जिस की शाखाएँ या जिस के फल सिर्फ दुख और संताप हैं।

कबीर माया तरवर त्रिविध का साखा दुख संताप।
सीतलता सुपिनै नहीं, फल फीका तन ताप।।

.........(कबीर ग्रन्थावली पृष्ठ- 58)

कबीर कहते हैं कि माया हमें चाहे तमो गुणी बनाए (बुराई की ओर धकेले), चाहे सत्तोगुणी बनाए (हम चाहे जग में पूजनीय हो जाएं), इससे न तो हमारे दुख कम होंगे और न ही परमात्मा मिलेगा। सत्तोगुणी इन्सान के कर्म अच्छे होते हुए भी उसे कर्म बन्धन से मुक्त नहीं होने देते। अपने बड़प्पन का अहँकार पनपने लगता है। फिर यही अहँकार इन्सान की अधोगति का कारण बनता है। परमात्मा को पाने के लिए मन और हृदय शीतल होना चाहिए।जग में बढ़ाई और ज्ञान के बखान से मिलने वाले यश का लोभ, हमें मानसिक तौर पर बीमार रखता है।

कबीर की प्यास

यह ऐसी कबीर वाणी है, जिस में एक सत्य के खोजी और जिज्ञासु की पीड़ा है। श्रद्धा और विश्वास, प्यास और तलाश के साथ-साथ इसमें सच्चे गुरू की महिमा का बखान भी है।

कोई व्यक्ति जन्म से ही सन्त-महात्मा नहीं होता। सत्य की खोज में जो निरन्तर प्रगति करते हैं, जो परमात्मा से विरह की अग्नि में जलते हैं, उन में एक ऐसी लौ प्रज्वलित हो जाती है, जो प्रार्थी को साँसारिक विषयों से विरक्त कर देती है। इस प्रक्रिया से हर एक को गुज़रना पड़ता है। कबीर की वाणी इस बात को प्रमाणित करती है कि वह स्वयं भी कभी आम इन्सान की तरह धार्मिक और सामाजिक धारणाओं से बँधे हुए थे। सच्चे गुरू या सत्य के कई अन्य खोजियों को मिलने के बाद ही कबीर को सत्य की झलक मिल पाई थी।

कबीर पीछे लागा जाइ था, लोक वेद के साथ।
आगैं थैं सत गुरू मिल्या, दीपक दीया हाथ।।

(कबीर ग्रन्थावली)

कबीर कहते थे कि मुझे भी उन्हीं वेद-पुराणों, रस्मों. -रिवाजों और व्रत-त्योहारों में विश्वास था जिनसे केवल मानसिक संतुष्टि मिलती है। कबीर ने कहीं भी अपने किसी गुरु का नाम नहीं लिया सो एक अनुमान के अनुसार उन के अपने विवेक को ही उनका गुरु माना जाता है। विवेक भी तभी जागता है जब लगातार सत्त वचन और सत्त संगति मिले। कबीर ने दूसरी पंक्ति में इस सत्य को स्वीकार किया कि उन के सच्चे गुरु ने ही उन के अन्दर सच्च का प्रकाश किया अर्थात् बाहरी पूजा-पाठ से नहीं बल्कि अपने अन्दर की शक्ति से जुड़कर ही सत्य की झलक मिल सकती है।

'कबीर भली भई जु गुर मिल्या,
नहीं तर होती हाणि।'

(कबीर ग्रन्थावली)

कबीर इस बात को भली भांति जान गए थे कि सत्य को पाने का सही मार्ग क्या है, राहगीर यदि गलत रास्ता पकड़ ले तो सफर का अन्त नहीं होता। समय की बर्बादी से बचने के लिए और मंज़िल पर पहुँचने के लिए सही रास्ता पकड़ना बहुत ज़रूरी है। यहां कबीर ख़ुद से ही मुख़ातिब हैं कि अच्छा हुआ जो मूलमन्त्र, भेद (गुर) मिल गया। ऐसी युक्ति मिल गई जिस से ख़ुद को पहचानना आसान हो गया वर्ना जाने कितने जन्म और भटकना पड़ता।

कबीर बूड़े थे परि ऊबरे, 'गुरू' की लहरि चंमकि।
भेरा देख्या ज़रजरा, तब ऊतरि पड़्या फंरकि।।

(कबीर ग्रन्थावली)

कबीर ने कहा कि मैं डूब ही चला था कि गुरु ने मन में प्रकाश कर दिया। यानि धार्मिक आडम्बरों में, रीति-रिवाज़ों में मैं पूरा जीवन नष्ट कर देता, यदि गुरु मेरे हृदय में ज्ञान का प्रकाश न करते। मैं ऐसे बेड़े में भवसागर पार करना चाहता था जो जर्जर हालत में था (भेरा देख्या ज़रज़रा) यानि जिन पंडित, मुल्ला को खुद मूर्ति पूजा और नमाज़ से कुछ हासिल नहीं हुआ, वे मुझे कैसे सच से अवगत करवाते? अच्छा हुआ ऐसी धार्मिक भावनाओं में मेरी आस्था खत्म हो गई, उनकी डूबती नइया से, मैं फौरन उतर गया (उतरा पड़या फरंकि)।

जा सिरि तीनि लोक कौ भारा।
सो क्यूँ न करै जन की प्रतिपारा।।

----(कबीर ग्रन्थावली, पृष्ठ 211)

कहै कबीर करूणामय आगै।
तुम्हारी कृपा बिना यहु विपति न भागै।।

---(कबीर ग्रन्थावली, पृष्ठ 279)

एक सच्चा साधक ही यह समझ सकता है कि परमात्मा को पाना कोई आसान काम नहीं हैं। इच्छाओं को तजना, मन का वशीकरण, कोई पूजा-पाठ नहीं सिखाता। ध्यान करना, विचार शून्य होना आम इन्सान के बस की बात नहीं। सँसार से विरक्त हो भी जाएं तो सन्यास की अकड़ आ जाती है। अहँकार के इतने सूक्ष्म रूप होते हैं कि इन्सान अपने मन को समझ ही नहीं पाता। सच्चा बैरागी या सच्चा खोजी ऐसे हालात में परमात्मा से वही सवाल करता है, जो इन हालात से गुज़रते हुए कबीर ने किया था। कबीर इन पंक्तियों में कहते हैं कि हे परमात्मा तेरे सिर पर तीनों लोकों का भार है। इतनी विराट तेरी शक्ति है। मैं तो बहुत मामूली इन्सान हूं, राह की धूल हूं। मेरा उद्धार तू क्यों नहीं करता? मैं खुद इस चक्रव्यूह को नहीं तोड़ पा रहा हूं। मैं तेरा अंश हूं, मुझे नाकाम देख कर तू कैसे खुश हो सकता है? मैं बंजर भूमि हूं, मुझ में ज्ञान का बीज बो दे।

भूल भुलईयां मे 'नाज़ी' कैस ढूंढे राह,
तेरी ख़बर मिले गर तू खुद दे थाह।

तेरे बनाए इन्सान में इतनी ताकत नहीं कि वह अपने प्रयास से तुझे जान सके। तुझ तक कौन-सा रास्ता पहुंचता है, यह तो तू खुद ही बता सकता है।

कबीर नैना अंतरि आव तू ज्यूँ हौं नैन झंपेउं।
ना हौं देखौं और कूं नां तुझ देखन देउं।।

(कबीर ग्रन्थावली, पृष्ठ 35)

कबीर जे सुंदरि साई भजै, तजै आन की आस।
ताहि न कबहूँ परिहरै, पलक न छाड़ै पास।।

(कबीर ग्रन्थावली, पृष्ठ 130)

इन पंक्तियों में कबीर की प्रभु-प्यास साफ नज़र आती है । वह ख़ुद को एक ऐसी विरहन बताते हैं जो काफी समय से अपने पिया से नहीं मिली। वह चाहते हैं कि एक बार पिया मेरे सामने आ जाए तो मैं उसे अपनी आँखों में समा कर पलकें बन्द कर लूं। न मैं किसी और को देखूं और न ही पिया को किसी को देखने दूं। कबीर एक झलक पाने की आस में, परमात्मा को रिझाने के लिए अपनी मनोदशा उस स्त्री के जैसी बताते हैं जो सिर्फ अपने प्रियतम को याद करती है। बाकी सारी दुनिया से उसे कोई आस नहीं, कोई लगाव नहीं। वे कहते हैं कि यदि पिया घर आ जाए तो ऐसी स्त्री फिर उसे दूर नहीं जाने देती। एक पल को भी पिया का साथ छोड़ना उसे मंज़ूर नहीं होता ।

कबीर अणरत्ता सुखि सोवणाँ, रत्तै नींद न आइ।
ज्यूँ जल छूटे मछली, यूँ बेलंत विहाइ।।

---(कबीर ग्रन्थावली, पृष्ठ 55)

कबीर जै माया मन रमै, यों जो राम रमाइ।
तौ तारा मँडल छाँड़ि करि, जहाँ केसाँ तहाँ जाइ।।

---(कबीर ग्रन्थावली, पृष्ठ 10)

कबीर की तड़प लगभग अपने चरम पर पहुंचती प्रतीत होती है। इन पंक्तियों के अनुसार तो कबीर उन लोगों से जलन सी महसूस करते प्रतीत होते हैं, जिन्हें परमात्मा की प्यास नहीं है।

वे साफ कहते हैं (अणरत्ता) जो अनुरक्त हैं, जो तेरे प्यार में लिप्त नहीं हैं, वे तो आराम से सो जाते हैं। मैं अभागा रात भर तेरे विरह की आग में जलता हूं। मेरी हालत तो ऐसी है जैसे कोई मछली जल से बिछुड़ गई हो। फिर कबीर खुद को (स्वयं ही) समझाते हैं कि अपनी इस हालत का ज़िम्मेदार मैं खुद हूं। वे कहते हैं हम खुद ही मोह माया में रमे हुए हैं।जितना प्यार हम सुख-सुविधाओं को करते हैं, इतना ही प्यार कहीं खुदा से करते तो इस धरती और आकाश से छूट जाते, तारों के प्रभाव से भी छूट जाते और जहां वह मालिक स्वयं है, उसी जगह, उसी स्थिति में पहुंच जाते(जहाँ केसाँ तहाँ जाइ)

कबीर भगति दुहेली राम की, नहीं कायर का काम।
सीस उतारै हाथि करि सो लेसी हरि नाम।।

---(कबीर ग्रन्थावली, पृष्ठ-177)

कबीर कठिनाई खरी सुमिरता हरि नाम।
सूली ऊपर नट विद्या गिरौ त नाहीं ठाम।।

---(कबीर ग्रन्थावली, पृष्ठ 11)

कबीर को राम नाम का गुरुमंत्र रामानन्द से मिल गया था। सत्य की तलाश जारी थी। समय बीतने के साथ-साथ कबीर का प्रण और मजबूत होता जा रहा था। कबीर कहते थे राम अन्दर-बाहर सब जानते हैं। झूठी भक्ति या अपने प्रेम की दुहाई दे कर उन्हें नहीं पाया जा सकता। झूठे आडम्बरों के साथ-साथ अपने शरीर का मोह भी त्यागना होगा । राम का नाम, यानि सच का साथ पाना है तो झूठा जीवन त्यागना पड़ेगा। यह कायरों के बस की बात नहीं है। आगे कबीर कहते हैं कि (खरा सुमिरण) सच्चे दिल से उसे याद करना, खुद को भूल जाना,

उतना ही मुश्किल है जितना कि गले में रस्सी डाल कर नाचना(सूली ऊपर नट विद्या)। ज्ञान पथ पर आगे बढ़ना बहुत मुश्किल काम है। सच्ची पूजा तभी हो सकती है जब हमारा अहँकार खत्म हो जाए।

कबीर कूता राम का मुतिया मेरा नांऊ।
गलै राम की जेवड़ी, जित खैंचे तिउ जांऊ।।

(कबीर ग्रन्थावली, पृष्ठ 37)

हरि जननी मैं बालक तोरा।
काहे न अवगुन बकसहु मोरा।।

(कबीर ग्रन्थावली,पद-17)

कबीर यहां पर सम्पूर्ण समर्पण की बात करते हैं। हालात कभी इन्सान के वश में नहीं आते। हमेशा इन्सान ही हालात के वश में रहता है। कबीर पूरी तरह से आज़ाद हो जाने की बात करते हैं, जैसे किसी नाव की पाल खोल दी जाए। कबीर खुद को मालिक का कुत्ता मानते हैं। गले में बंधी चेन से वे मालिक के साथ हैं (गले राम की जेवड़ी)। क्या गलत, क्या सही, अब उनका कोई चुनाव नहीं है। यहां कबीर अगर खुद को पूरी तरह मालिक पर छोड़ने की बात करते हैं तो उस की सहृदयता और प्यार को भी माँ की ममता से परिभाषित करते हैं। कबीर कहते हैं कि कोई भी माँ अपने बच्चे से ज़्यादा देर तक नाराज़ और दूर नहीं रह सकती। हमने जितने भी पाप किए हैं, वह सब एक क्षण में माफ कर सकती है। सच्चे दिल से माँ रूपी परमात्मा के चरणों में सीस नवा दो और पूछो कि मुझे माफ क्यों नहीं करती? इसी भाव से कबीर भी परमात्मा से माफी माँग रहे हैं।

मेरे गुनाह टटौल न रब्बा, दिल चौं कड ना मैंनू।
जे 'नाज़ी' विच ऐब न हुंदे, तू बख्शेंदा कीनू।।

ख़ुदा भी हम गले लगाना चाहता है। हमारी पुकार में अगर सच्ची प्यास जाग जाए तो वह हमारे सारे गुनाह माफ कर सकता है।।

खरी कसौटी राम की, खोटा टिकै न कोए
राम कसौटी सो टिकै, जो जीवत मिरतक होइ

(कबीर ग्रन्थावली, पृष्ठ 206)

कबीर भगति दुवारा संकुड़ा राई दसवै माइ
मन तौ मैगंल है रह्या क्यूँ करि सकै समाई

(कबीर ग्रन्थावली, पृष्ठ 53)

कबीर कहते हैं कि जिस तरह सुनार सोने को परखता है, खोट हो तो पूरे दाम नहीं मिलते। उसी प्रकार सच भी, सच्चे दिल वालों को ही नसीब होता है(खरी कसौटी राम की)। ज्ञान की राह में भी इन्सान भटक सकता है। माया यहां भी भ्रमाती है। रिद्धियाँ-सिद्धियाँ मिल जाएं तो भक्त अहँकारी हो सकता है। जो इन लोभों में न फँसे यानि ताकत, पैसा तो एक तरफ, तारीफ या वाहवाही की कामना भी न करे। जीते जी शरीर के मोह के मामले में मृतक की तरह व्यवहार करे, वही खरा सोना है। उसे ही राम अपने गले लगाते हैं।

कबीर कहते हैं कि मैंने कई लोगों से सुन रखा है कि परमात्मा के घर का द्वार बहुत संकरा हैं। मान, अभिमान सब कुछ छोड़ कर ही वहां घुसा जा सकता है (भक्ति दुवारा संकुड़ा)। कबीर आगे कहते हैं कि मन के सूक्ष्म अहंकार भी मन को मदमस्त हाथी बना देते हैं(मन तो मैंगल है)। ज्ञान की राह पर भी कई लोग खुद को आम लोगों से बहुत उच्च कोटि का इन्सान समझने लगते हैं। ऐसी मानसिकता वालों को प्रभु के घर में घुसने का रास्ता नहीं मिलता।

माया तजूं तजी नहि जाइ
फिरि फिरि माया मोहि लपटाई।।
माया आदर माया मान। माया नहीं तहाँ ब्रह्म गियान।।
माया रस माया कर जांन। माया कारिन तजैं परान।।
माया जप तप माया जोग। माया बांधे सब ही लोग।।
माया जल थल माया आकासि। माया व्यापी रही चहूँ पासि।।
माया माता माया पिता। अति माया इस्त्री सुता।।
माया मारि करैं व्यौहार। कहै कबीर मेरे राम अधार।।

(कबीर ग्रन्थावली, पद- 84)

इस पद में कबीर की दुविधा और पीड़ा उमड़ रही है। कबीर कहते हैं मेरा मन अभी भी माया के वश में है (माया तजूं तजी नहीं जाए)। माया का धोखा मैं समझ रहा हूं, फिर भी वह किसी न किसी नए रूप में मेरे मन को लोभी या अहँकारी बना रही है। लोग अगर भक्त मान कर मेरा आदर करते हैं तो इस से मेरा अहँकार बढ़ने लगता है। मैं जानता हूं कि इसी वजह से मुझे ब्रह्म ज्ञान प्राप्त नहीं होगा। माया यदि शरीर बोध को समाप्त नहीं होने देगी तो मैं यह जन्म भी यूं ही गंवा दूंगा (माया कारिण तजैं परान)। चारों ओर माया ही माया है; यहां तक कि माता, पिता, पत्नी और पुत्र इत्यादि भी मोह में बाँधते हैं। यह माया भी कहने को बाहरी होती है पर यह मेरा अपना मन है जो दुनिया से बँध रहा है। हे परमात्मा, मुझे शक्ति दो कि मेरे मन का अन्त हो जाए।

जउ तुम मोकौ दूरि करत हौं तो मोहि मुकुति बतावहु।
एक मेक राम रह्यौ सभनि मैं तौ काहे भरमावहू।

(पारस नाथ तिवारी, क० ग्र० पृ०-31)

कबीर दर्द से भरे हुए हैं, वे कहते हैं कि हे परमात्मा तुम मुझे क्यों अपने से दूर रखे हो? क्या इन्सान की मुक्ति का कोई और भी तरीका है? वे थोड़े अचंभित भी प्रतीत होते हैं कि यदि हर जीव में परमात्मा ही है तो वह सामने क्यों नहीं आता? क्यों अपने मन की अभिलाषाओं के कारण हम सँसार के मोह में फँसे हुऐ हैं। हर चीज़ के अन्दर का परमात्मा क्यों नज़र नहीं आ रहा ?

नैना नीझर लाइया, रहट वहै निस जाँम।
पपीहा ज्यूँ पिब पिब करौं, कबहू मिलहुगे राम।।

कबीर ग्रन्थावली (पारसनाथ तिवारी पृ० 9)

कै विरहणि कूँ मीच दे, कै आपा दिखलाइ।
आठ पहर की दाक्षणा, मोपै सयहा न जाई।।

(कबीर ग्रन्थावली, पृ०-10)

इस तन का दीवा करौं, बाती मेल्यूं जीव।
लोही सींचो तेल ज्यूँ, कब मुख देखौं पीव।।

(कबीर ग्रन्थावली, पृ०-9)

यहु तन जालौं मसि करूँ, ज्यूँ धुवाँ जाइ सरग्गि।
मति वै राम दया करैं, बरसि बुझावै अग्गि।।

(कबीर ग्रन्थावली, पृ०-8)

सब कोई कहै तुम्हारी नारी मौकौ इहै अंदेह रे।
एक मेक है सेज न सोवै तब लग कैसा नेह रे।

(कबीर ग्रन्थावली, पृ०-192)

इन सभी पंक्तियों में कबीर ने अपने दुख की तुलना उस स्त्री के दुख से की है जो अपने पति से मिल नहीं पा रही। वे कहते हैं कि मेरे आँसू थमें तो कैसे? तुम मिलोगे तभी शाँति मिलेगी। वे आगे कहते हैं कि या मुझे ही खत्म कर दो

या अपना दीदार दो। आठों पहर तुम्हारी याद मुझे सताती रहती है। एक कदम आगे बढ़कर कबीर सोचते हैं कि मैं खुद ही अपना तन जला देता हूं। अपनी आत्मा को बाती बना कर तेल की जगह लहु का इस्तेमाल करूं, तो शायद मेरी 'मैं' (अहँकार) मर जाए और पिया का दर्शन हो। आगे वे कहते हैं कि जब मेरा तन जल कर राख होगा और उस से उठने वाला धुँआ प्रीतम तक (सरग्गि) पहुंचेगा, तभी शायद उसे अपनी कठोरता नज़र आएगी। शायद तब वह दया करके मुझ पर अपना प्यार लुटा दे।

शादी के बाद दुल्हन को लोग उस के पिया का नाम दे देते हैं। उसी तरह सब लोग कबीर का समर्पण और भक्ति देख कर, उसे परमात्मा से जुड़ा हुआ बताते थे। कबीर कहते हैं कि सब चाहे जो भी कहें मुझे मालूम है कि अभी हमारा मिलन नहीं हुआ। यही वह सच्चाई है जो भक्त को ज्ञान मार्ग पर प्रगति करवाती है। दुनिया के कहने पर नहीं बल्कि अपनी आन्तरिक चेतना को देख कर कबीर कहते हैं कि अभी मुझे तेरे दर्शन नहीं हुए हैं।

हम तुम्हारो सुमिरन करैं तुम मोहे चेतो नांही।
सुमिरन मन की प्रीत है सो मन तुम ही माही।।

कबीर बाइ आबीदा(द्वारा गुलज़ार)

कबीर बिरहा बुरहा जिनि कहौ, बिरहा है सुलितान।
जिस घटि बिरहा न संचरै, सो घट सदा मसांण।।

(क० ग०, डा. गुप्त, पृ०-16)

प्रस्तुत दोहों में कबीर विरह को क्रान्ति बनाने का ज़िक्र कर रहे हैं। पहले तो वे कहते हैं कि मुझे अपने बलबूते पर तुम्हें पाना है। तुझे याद करते-करते मैं अपनी बुराईयां तज लूंगा। तेरी प्रीत में पड़कर, हृदय में सिर्फ तू ही रह जाए, ऐसी

स्थिति में पहुंच कर ही तुझ से मिला जाए तो अच्छा होगा। फिर कबीर कहते हैं कि लोग तो यूं ही विरह को बुरा कहते हैं। विरहा तो प्रीतम के लिए प्यार को कई गुना बढ़ा देता है। परमात्मा को मिलने की तड़प जब तक अपने चरम पर न पहुंच जाए, तब तक इन्सान बाहर की दुनिया में ही भटकता रहता है। संसार से अलगाव तभी होगा जब परमात्मा से बिछड़े होने का अहसास पक्का हो जाएगा। यही स्थिति इन्सान को अन्तर्मुखी बनाती है और इन्सान अपनी सच्ची पहचान पाकर 'मोक्ष' का अधिकारी बन सकता है। जिनको परमात्मा से बिछड़े होने का अहसास नहीं है, वे दुनिया के मोह में बार-बार जन्म लेते रहेंगे और श्मशान के चक्कर लगाते रहेंगे (जिस घटि बिरहा न संचरै, सो घट सदा मसांण)

माला तो कर में फिरे जीभ फिरे मुख मांहि।
मनवा तो चहों तिस फिरे जा तो सुमिरन नांहि।।

कबीर बाइ आबिदा (द्वारा गुलज़ार)

क्या मुख है विनती करूं लाज आवत है मोहे।
तुम देखत औगुण करूं कैसे ध्याऊं तोहे।।

कबीर बाइ आबिदा (द्वारा गुलज़ार)

बुरा जो देखण मैं चला बुरा न मिलूया कोए।
जो दिल खोजा आपणा तां मुझसा बुरा न कोए।।

कबीर बाइ आबिदा (द्वारा गुलज़ार)

यार बुलाए भाऊं सूं मोपे गया न जाए।
दुल्हन मैली पिउ उजला लाग सकूं न पाए।

कबीर बाइ आबिदा (द्वारा गुलज़ार)

कबीर इस सच्चाई से भली-भांति परिचित थे कि शरीर से जो भी काम किए जा रहे हैं, ज्ञान की दुनिया में उनका कोई महत्त्व नहीं है। हाथ से पूजा-पाठ करो, माला फेरो, मुंह से मन्त्र उचारो लेकिन मन कहीं ओर भटक रहा हो,

तो यह कैसी पूजा है? इस के विपरीत पूरा ध्यान अपने में टिक जाए और शरीर किसी भी अवस्था में हो, तो वही सुमिरन है। कबीर ने कहा कि हर इन्सान में, हर जीव में, यहाँ तक कि घट-घट में एक ही शक्ति है। सब में वही शक्ति है तो कोई बुरा कैसे हो सकता है। जब तक दूसरों में (जो कि परमात्मा के ही रूप हैं) अवगुण नज़र आएं, तो ध्यान नहीं हो सकता। दूसरों में जो बुरा ढूंढ लेता है वह हमारा ही मन है। इस हिसाब से बुरे दूसरे नहीं बल्कि हम खुद हैं।

आखिरी दोहे में तो कबीर परमात्मा मिलन में देरी होने का सारा दोष अपने सिर पर ले लेते हैं। कबीर कहते हैं कि परमात्मा मुझे बहुत प्यार करता है। मैं उस के मन को भा गया हूं, शायद इसीलिए उसने मेरे दिल में भी अपने प्रति प्यार की जोत जला दी है। मैं उसे प्यारा हूं और वह मुझे बुला रहा है लेकिन मैं उस तक पहुंच नहीं पा रहा (यार बुलाए भाऊं सूं, मोपे गया न जाए।)

'तेरी पुकार न सुन सका, नाकामी पे शर्मिंदा हूं
कब्रिस्ताँ हुआ कल जाना, तो जाना 'नाज़ी', ज़िन्दा हूं'

(वक्त निकल जाता है, हम ज़िन्दगी को जी ही नहीं पाते। राग, द्वेष, मोह का जीवन कोई जीवन नहीं है)। कबीर कहते हैं कि परमात्मा तो संपूर्ण है। उसके सौन्दर्य का बखान नहीं हो सकता। वह हर बुराई से रहित है। मुझ में अभी कई बुराईयां बाकी हैं। मैं भी उस जैसा हो पाऊं तो उस के चरणों में जगह मिले। (दुल्हन मैली पिऊ उजला...)।

कबीरा सीप समुंद की, रटैं पियास-पियास।
समदहि तिनका बरिगिणौ, स्वाति बूँद की आस।।

कबीर ग्रन्थावली(माता प्रसाद गुप्त, पृ-36)

कबीर पढ़े लिखे नहीं थे, ऊपर से जुलाहे थे (जुलाहों को उस समय शूद्रवत् माना जाता था)। शुरू-शुरू में कबीर-वाणी को शायद इसीलिए ज़्यादा अच्छा नहीं माना जाता होगा। लेकिन कबीर के दोहों में ऐसा प्रकाश था कि उससे हर किसी को रोशनी मिली। प्रस्तुत दोहे में उन्होंने ज्ञान पाने का तरीका इतनी खूबसूरती से बयान किया है कि इसकी दूसरी मिसाल ढूंढना मुश्किल है।

एक सीप समुन्दर में तैरती रहती है। उस के चारों ओर केवल पानी होता है, लेकिन उस को समुन्दर के पानी से कुछ लेना-देना नहीं होता। वह बादलों के बरसने का इंतज़ार करती है। वर्षा में जो पानी बरसता है, वह पानी का शुद्धतम रूप होता है। बारिश की इन बूंदों को 'स्वाति' नक्षत्र में यदि सीप ग्रहण कर ले तो वह बूंद मोती बन जाती है। ऐसी किसी एक बूंद को सीप अपने में बन्द कर के समुन्दर की गहराईया में खो जाती है। कबीर ने इस उपमा का सहारा लेकर कहा है कि मुझे इस संसार रूपी सागर से कुछ नहीं लेना। मैं तो तेरे संदेश को पकड़ना चाहता हूं। संसार में रह कर भी साँसारिक विषयों से उठने की प्रेरणा हम सीप से लेनी चाहिए। हमें केवल उन बातों या विचारों को ग्रहण करना चाहिए, जो हमारी आन्तरिक उन्नति में सहायक हो सकें।

हद-हद जाए हर कोई, अनहद जाए न कोए।
हद अनहद के बीच में रहया कबीरा सोए।।

कबीर बाई आबीदा (द्वारा गुलज़ार)

जिन खोजा तिन पाइयां, गहरे पानी पैठ।
मैं बोरी डूबन डरी, रही किनारे बैठ।।

(कबीर वाणी)

परमात्मा परम दयालु है। परमात्मा सब का रक्षक है। परमात्मा सब देख रहा है और सब के कर्मों का हिसाब करता है। यह ऐसे वाक्य हैं जो हमें भ्रम में डाल रहे हैं। इन्सान को महसूस होता है कि परमात्मा कहीं दूर या ऊपर बैठा है। इस तरह की व्याख्या ने सम्पूर्ण मानव जाति को भटका दिया है। यदि परमात्मा बाहर से हमें देख रहा है तब तो हमारे मन्दिर जाने पर प्रसन्न होता होगा। सारे कर्म-काण्ड मान्य हैं, यदि परमात्मा बाहर है। दरअसल इन्सान जो कि खुद को ही नहीं जानता, वह परमात्मा को कैसे जान सकता है?

शरीर चलता-फिरता, उठता-बैठता है लेकिन इन कार्यों कि लिए शक्ति अन्दर से मिलती है। वैज्ञानिक या डाक्टर कहेंगे कि हम जो खाते हैं, शक्ति उस से मिलती है। जब इन्सान मर जाए तो क्या मुंह में अन्न डालने पर वह उठता है? शरीर की खुराक, शरीर को ऊर्जा भर देती है। हमारी असली शक्ति हमारे अन्दर, मूलाधार में छिपी हुई है। यहां ऊर्जा का बेअन्त स्रोत है। जिस प्रकार विज्ञान कहता है कि इन्सान सम्पूर्ण जीवन में केवल पांच प्रतिशत दिमाग का ही इस्तेमाल कर पाता है, ठीक उसी प्रकार हम सारे जीवन में अपनी मूल शक्ति का शायद पांच प्रतिशत भी इस्तेमाल नहीं करते। इस महा-कुण्ड से बड़ी मामूली सी शक्ति निकलती है, जो सारा दिन हमसे कार्य करवाती है। रात को यह शक्ति वापिस अपने मूल स्रोत में लौट जाती हैं। सुबह या जागने पर हम फिर ताज़ा दम हो जाते हैं।

यह जीवन ऊर्जा निरंतर बहती रहती है। हमारे बोलने, सुनने, देखने में और हर कार्य में यह शक्ति खर्च होती है। ध्यान में जब हम अन्तर्मुखी होते हैं तो यह शक्ति स्वतः बाहर

की बजाए अन्दर की ओर, अपने मूल स्रोत की ओर बहने लगती है। ध्यान करने वाला अपने मूल स्रोत से परिचित हो जाता है। ऐसी स्थिति में शक्ति बड़ी मात्रा में मूल स्रोत से जागृत हो कर ऊपर उठती है। इस अवस्था को 'कुंडलिनी जागरण' कहा जाता है। इस शक्ति का सही उपयोग ही आध्यात्म में उन्नति करवाता है या दूसरे शब्दों में यही शक्ति हमें परमात्मा से मिलवाने में सहायक होती है। इन दोनों दोहा में कबीर ने ध्यान की विभिन्न अवस्थाओं का ज़िक्र किया है (हद हद जाए हर कोई, अनहद जाए न कोए) शरीर को यहां इन्सान की हद कहा गया है। शरीर वह आखिरी हद है, जहां इन्सान जीता है। दूसरे सिरे पर शक्ति का महास्रोत है, जहां पहुंचना इन्सान ने खुद ही बहुत मुश्किल बना लिया है, सो उस सिरे को अनहद (बिना किनारे वाला) कहा गया है।कबीर कहते हैं कि हर कोई अपने शरीर को ही सब कुछ मान कर जीता है। अपने अन्दर के खज़ाने को पाने की चेष्टा ही नहीं की जाती। 'हद अनहद के बीच में रहा कबीरा सोए।' इस पंक्ति को समझने से पहले यह समझना जरूरी है कि जब हम थक कर निढाल हो जाते हैं तो इसका मतलब है कि जितनी शक्ति हमारे कुण्ड से उठी थी, वह चुक रही है। शरीर को दुबारा चुस्त होने के लिए और शक्ति चाहिए। ऐसे में कुदरती नियम के अनुसार हम सो जाते हैं। शरीर में फैली शक्ति वापिस लौटने लगती है। इसी तरह जब ध्यान किया जाता है तो शक्ति बाहर नहीं बहती और (शक्ति) वापिस लौटने लगती है।इस वक्त शरीर पुरानी आदत के मुताबिक सोने की तैयारी कर लेता है। ध्यान करने वालों को इस लिए सतत (अन्दर जो हो रहा है, उसे) देखते रहने को कहा जाता है। शरीर की शक्ति तो वापिस जाती है लेकिन मन की जागृत अवस्था में अन्दर की हिलजुल साफ महसूस होती है।

कई बार नींद भी आ जाती है। इसी अवस्था का ज़िक्र कबीर कर रहे हैं कि शरीर से अपने अन्दर के मूल स्रोत की यात्रा में वे कई बार सो जाते हैं (हद अनहद के बीच में रहया कबीरा सोए)

दूसरा दोहा ध्यान की और भी उच्च अवस्था की ओर इशारा करता है। ध्यान करने वाला जब अपने अन्दर ऊर्जा के मूल स्रोत से परिचित हो जाए तो श्वास की कुछ खास क्रियाओं से उस स्रोत की काफी ऊर्जा को जागृत किया जा सकता है। पहले जितनी शक्ति आती थी वह हमारी पाँचों इन्द्रियों के लिए पर्याप्त होती थी। जब ऊर्जा की मात्रा बढ़ जाए तो वह नए रास्ते खोजती है। नए केन्द्र खुलते हैं, नया व्यक्तित्व बनता है। खोजने वाला मर जाता है क्योंकि शक्ति का आवेग ऐसा तूफान लाता है कि जैसे किसी नए बच्चे का जन्म होता हो। हल्का-सा करंट का झटका भी इन्सान को कंपा देता है और यह तो शक्ति का भूचाल है। जो व्यक्ति पहले था वह पूरी तरह बदल जाता है। जब ध्यान में शक्ति के जागने से पहले ही कुछ हल्के-हलके झटके महसूस होने लगें तो कई बार लोग डर जाते हैं कि जाने क्या होने वाला है। सहवास क्रिया के चरम पर इन्सान जो महसूस करता है, वह इस शक्ति का एक स्पंदन (हल्का-सा झटका) मात्र है। कबीर का यह दोहा कबीर की कुंडलिनी शक्ति जागने से पहले की अवस्था बयान करता है।

('जिन खोजा तिन पाइयां..... रही किनारे बैठ।')

कबीर कहते हैं कि मैं बावरा डर गया और अपनी श्वास क्रियाएं रोक दीं। क्योंकि शक्ति जागरण से पहले ही जैसी अनुभूति मिली, उसने मुझे कंपा दिया। वे लोग जो इस महा सागर में कूद गए, जिन्हाने खतरा मोल लिया, उन्होंने शक्ति को जगा लिया। जिसने शक्ति को जगा लिया उसने अपना धर्म भी पा लिया(जिन खोजा तिन पाइयां)।

गुरू गोबिन्द दोऊ खड़े का के लागूं पाए।
बालिहारि गुरू आपणे गोबिन्द दियो बताए।।

कबीर बाई आबीदा (द्वारा गुलज़ार)

गुरू की इसीलिए इतनी महत्ता है क्योंकि शक्ति जागरण की प्रक्रिया से वह गुज़र चुका होता है। शिष्य को शक्ति जागरण की स्थिति तक पहुंचने में वह मदद भी करता है और जागरण से पहले उत्पन्न भय को समाप्त भी करता है। अपनी शक्ति (कुंडलिनी) के जागते ही इन्सान को यह महसूस हो जाता है कि हम परमात्मा का अंश हैं। इस से पहले हम जानते नहीं थे, बस रटते थे। ठीक ऐसे जैसे कोई अंधा कहता हो कि सूरज बहुत चमकदार है। जो गुरू सिर्फ श्लोक या कथाएं सुनाए, वह सच्चा गुरु नहीं है। जो कुंडलिनी जागरण में मददगार हो, वही सच्चा गुरु (कामिल मुर्शद) है। उसी गुरु को कबीर, परमात्मा से पहले प्रणाम करने की बात करते हैं।

कबीर ते नर अँध हैं गुरू को कहते और।
हरि रूठैं गुरू ठोर है गुरू रूठे नहीं ठोर।।

कबीर बाई आबीदा (द्वारा गुलज़ार)

अब गुरू दिल में देखिया गावण को कछु नांहि।
कबीरा जब हम गांवते तब जाना गुरू नांहि।

कबीर बाई आबीदा (द्वारा गुलज़ार)

सब धरती कागद करूं लेखन सब बन राए।
सात समुंद की मस करूं गुरू गुण लिखा न जाए।।

कबीर बाई आबीदा (द्वारा गुलज़ार)

कबीर की शक्ति जाग गई तो उन्हें उन लोगों पर दया आई, जो अपनी कुंडलिनी जगा नहीं पाए थे और अपने

गुरू को दोष दे रहे थे। कबीर उन्हें अपने गिरेबान में झाँकने को कहते हैं। कबीर कहते हैं कि माना अभी परमात्मा तुम्हारी मदद नहीं कर रहा लेकिन गुरु चाहे तो तुम पर कृपा करके तुम्हारी शक्ति जगा सकता है। लेकिन अगर गुरु रूठ गया तो परमात्मा भी तुम्हारी मदद नहीं कर पाएगा (गुरु रूठे नहिं ठोर)।

कबीर अगले दोहे में कहते हैं कि मैंने आज जाना कि मेरे गुरु के दिल में मेरे लिए कितना प्यार था। वे मुझे क्या देना चाहते थे। मुझे अन्तर्ज्ञान मिला तो यह उन्हीं की अपार कृपा है। मैं उन की क्या तारीफ करूं, उन का क्या गुणगान करूं? कबीर पुराने दिन याद करते हुए कहते हैं कि ऐसा भी समय था जब हम गुरु को खुश करने के लिए उनकी झूठी तारीफ और झूठा गुणगान करते थे, लेकिन तब तो हम गुरु को जानते ही नहीं थे। अगला दोहा यह दर्शाता है कि अपनी आन्तरिक शक्ति जाग जाए तो पूरा संसार छोटा नज़र आता है । जो शक्ति जगाने में रहनुमाई (राह दिखाने वाला) करे, उसके प्रति इन्सान कैसा महसूस करता है।

कबीर कहते हैं कि यदि मैं पूरी धरती पर गुरू की महिमा लिखने के लिए, सारे वनों की लकड़ी की कलम बना लूं और सातों समुन्दरों के पानी का, स्याही की तरह इस्तेमाल करूं, तो भी अपने गुरु की पूरी तरह तारीफ नहीं कर पाऊंगा।
(सात समुद्र की मस करूं गुरु गुण लिखा न जाए)।

ज्ञान प्राप्ति

सबै कुम्भ तन रूधरि संवारा। कोटि रोम तन पृथी सुधारा।
नाड़ी बहत्तर हैं परधाना। नौ मंह तीन प्रधान सुजाना।।
त्रय नाड़ी में एक अनूपा। सो ले रहे गहे सतरूपा।

(कबीर का शरीर ज्ञान)

जै कछु अहा तहा किछु नांहि पंचतंतु तह नांहि।
इड़ा पिंगला सुखमन बंदे ए अवगन कत जाहि।।

संत कबीर (प्रो. ब्रह्मजगदीश) पृ. 78

जब इन्सान अपनी आन्तरिक शक्ति को पा लेता है तो कई नई इन्द्रियां खुल जाती हैं। इन्सान अन्दर-बाहर, दूसरों के मन में और यहां तक कि भूत-भविष्य तक में देखने के लायक होने लगता है। वर्ना क्या कारण है कि आज से लगभग पाँच सौ साल पहले, जब विज्ञान ने कुछ ज़्यादा तरक्की नहीं की थी, कबीर शरीर के अन्दुरूनी विज्ञान की व्याख्या कर पाए। यह तभी संभव हो सकता है जब कोई शरीर के अन्दर की कार्य प्रणाली और गतिविधियों को देखने के काबिल हो जाए।

कबीर बताते हैं कि पृथ्वी और शरीर में फर्क नहीं है। पृथ्वी का अस्तित्व यदि पाँच तत्वों (धरती, पानी, अग्नि, वायु और आकाश) से है तो हमारे शरीर भी इन्हीं तत्त्वों से बना है। पृथ्वी के शरीर पर असंख्य पेड़ पौधे हैं तो हमारे शरीर पर असंख्य रोम (रोएं) हैं। यहां तक कि पानी और धरती का जो प्रतिशत (71% पानी और 29% धरती) पृथ्वी पर है, वही प्रतिशत रस और मास-हड्डी का हमारे शरीर में है। यह संयोग नहीं हो सकता, इस के पीछे बहुत बड़ा विज्ञान है।

कबीर आगे बताते हैं कि हमारे शरीर में बहत्तर हज़ार नाड़ियां हैं। इन नाड़ियों के जाल में 72 नाड़ियां मुख्य हैं। इन 72 नाड़ियों में से भी 9 नाड़ियां प्रधान हैं। इन 9 नाड़ियों में से

तीन नाड़ियां (इंगला, पिंगला व सुष्मना) सबसे महत्वपूर्ण हैं। इन तीनों नाड़ियों में से 'सुष्मना' नाड़ी सर्वश्रेष्ठ है। यह मूलाधार चक्र (शक्ति के महा स्रोत) से सहस्रार चक्र (जो कि सिर में मौजूद है) तक जाती है। कुंडलिनी शक्ति जागृत होकर इसी सुष्मना नाड़ी से उठती है और रास्ते में आने वाले हर चक्र को खोलती जाती है। जैसे-जैसे यह चक्र खुलते हैं तो ध्यान या योग करने वाले को अलौकिक अनुभव होते हैं, शक्तियां मिलती हैं । सहस्रार चक्र (सिर में) खुलने पर परम चैतन्य की प्राप्ति होती है (सो ले रहे गहे सतरूपा) यही 'सुष्मना' नाड़ी शक्ति के उठने का रास्ता है जिससे हमें अपने सत्य रूप के दर्शन होते हैं।

कबीर ने आगे कहा है कि इस स्थिति में पहुंचने से पहले हमने जो कुछ भी सुना या कहा, उसका कोई मूल्य नहीं था। पोथी का ज्ञान, तंत्र-मंत्र, कर्म-काण्ड, सब कुछ इस आत्म साक्षात्कार के आगे शून्य हैं। यहां तक कि पंच तत्व का जो शरीर अपना लगता था, वह भी अपना नहीं रह जाता (पंचतंतु तह नाहिं)। सारी दृष्टि, सारी सृष्टि बदल जाती है। शरीर के साथ जुड़े अवगुण और कर्म बन्धन भी समाप्त हो जाते हैं।

पंडित होए सु पदहिं विचारैं, मूरखि नहिंन बूझै।
बिन हाथन पाइन बिन कांननि बिन लोचन जग सूझै।।
बिन मुख खाइ चरण बिन चालैं, बिन जिभ्या गुण गावै।
आछैं रहै ठौर नहिं छाड़े दैह दिसिहीं फिरि आवै।।

(कबीर ग्रन्थावली, पृ. 238)

कबीर कहते हैं कि वेद-पुराणों को याद कर लेने से, मन्त्र सिद्धियों से पंडिताई मिल सकती है, मगर सच्चा ज्ञान नहीं मिलता। इस में पंडित, मुल्ला या धर्मोपदेशकों का कोई कसूर

नहीं क्योंकि वे वही करते हैं जो उन्हें समझाया गया है। मन्त्र, उपदेश सुनने वाले आम लोग तो खुद को मूर्ख ही समझते हैं।आम लोग पंडितों इत्यादि को ही ज्ञानी मानते हैं और कर्म करना ही अपना धर्म मानते हैं। कबीर कहते हैं कि आम लोग मूर्ख ही रह जाते हैं, वे सोच भी नहीं सकते कि सच्चे ज्ञान का, मन्त्रों-श्लोकों से कुछ लेना देना नहीं है (मूरखि नहिन बूझै)।

सच्चा ज्ञान मिलना तो मन की निर्विचार अवस्था (ध्यान) से शुरू होता है।यह अवस्था गहरे ध्यान में बदल जाए तो हाथ, पांव या शरीर बहुत हलके या ना के बराबर महसूस होते हैं क्योंकि शरीर में फैली शक्ति वापिस अपने मूल स्रोत की ओर मुड़ जाती है। आँखें खोले बिना और कहीं ढूंढे बिना ही, संसार जिस नियम पर चल रहा है, उस की समझ मिलने लगती है (बिन लोचन जग सूझै)। कबीर इस अवस्था को सुरति' या 'अजपा जाप' की अवस्था भी कहते हैं। ध्यान लग जाए तो जिव्हा परमात्मा का नाम ले या न ले, लिव परमात्मा से ही लगी रहती है।

आगे कबीर कहते हैं कि अगले चरण में शक्ति (कुंडलिनी) जाग जाए तो शरीर का बोध समाप्त होने लगता है। अशरीरी अनुभव होने लगते हैं। अपनी जगह से शरीर तो नहीं हिलता मगर इन्सान शरीर से बाहर भी गति कर सकता है। यह वह अवस्था है जहां ध्यान से शुरूआत करने वाला इन्सान ज्ञानी बन जाता है। कहीं आने-जाने, किसी से सम्पर्क साधने के लिए उसे शरीर की आवश्यकता नहीं रह जाती। दसों दिशाओं में भी वह शरीर के बिना भ्रमण कर सकता है (आछैं रहै ठौर नहिं छाड़ै दैह, दिसिहीं फिरि आवै।)

हेरत हेरत हे सखी रह्या कबीर हिराइ।
बूंद समानी समुंद में, सो कत हेरी जाई।।

(कबीर बानी)

परमात्मा की ओर जाने का रास्ता इन्सान के अपने ही अन्दर से गुज़रता है। सबसे पहले अपनी आन्तरिक शक्ति से जुड़ना बहुत जरूरी है। खुद को जानने से पहले परमात्मा के बारे में बात करना ऐसी मूर्खता है, जो हम सभी रोज़ाना करते हैं। अपनी शक्ति से परिचित होते समय (कुंडलिनी जागरण) क्या होता है, यह लफ्ज़ो में बयान करना बहुत मुश्किल है। जिस भी महापुरूष के जीवन में यह स्थिति आई, वह सिर्फ 'नेति-नेति' ही कह पाया। अर्थात् इस अनुभव को बयान करना नामुमकिन है।

भाषा का दायरा बहुत सीमित है। हम सब यह कह सकते हैं कि गुलाब के फूल की खुशबू बड़ी प्यारी है लेकिन दूसरे इन्सान तक यह कहने मात्र से ही खुशबू नहीं पहुंचती। जिसने कभी गुलाब सूंघा ही न हो, वह भी यूं ही कह सकता है कि गुलाब में खुशबू है। भाषा चाहे अनुभव के बयान के मामले में असमर्थ हो लेकिन अनुभव खुद प्रमाण हैं कि परमात्मा की शक्ति क्या है।

कबीर के शब्द भी उन का पूरा साथ नहीं दे रहे, लेकिन इन पंक्तियों में कबीर ने जो कहने की कोशिश की है वह बहुत मूल्यवान है (हेरत हेरत हे सखी कबीर रह्या हिराइ) कबीर ने एक यात्रा का ज़िक्र किया है कि खुदा को ढूंढते-ढूंढते मैं खुद ही खो गया।अपने अन्दर की यात्रा बहुत लम्बी है क्योंकि हम सभी सोचते तो बहुत हैं पर शुरूआत ही नहीं करते। बाहर हमारा मन्दिरों, मस्जिदों में आना-जाना तो चलता रहता है। हम अपना मन-मन्दिर नहीं खंगालते। अपने अन्दर उतरना शुरू कर दें तो इतना आनन्द मिलता है कि इन्सान बाहर की दुनिया का मूल्य

अपने आप ही समझ जाता है। शब्दों में कहना बहुत आसान है कि दुनिया मोह माया है परन्तु जब तक अपने अन्दर के सच से जुड़ाव न हो तब तक बाहरी दुनिया की मोह माया ही सच्चाई नज़र आती है।

कबीर ने कहा जब मुझे अपनी शक्ति मिली तो मैं खुद को ही भूल गया। मैं शक्ति रूप ही हो गया। मैं एक मामूली-सा जीवन जी रहा था। पानी की एक बूंद की भांति अपने अस्तित्व के लिए लड़ रहा था। आज उस बूंद का सागर से मिलन हो गया है। अब बूंद नहीं है, सागर ही है (बूंद समानी समुंद में सो कत हेरि जाइ) बूंद जब सागर में गिर जाए तो उसे ढूंढने का कोई उपाए नहीं होता। यहां यह बात भी गौरतलब है कि यह शब्द कबीर की शक्ति जागरण की शुरूआती अभिव्यक्ति है। इस समय तक शायद पूरी 'कुंडलिनी' नहीं जगी थी क्योंकि इसके कुछ देर बाद उन्होंने इस दोहे के लफ्ज़ बदल दिए और कहा

हेरत हेरत हे सखी कबीर रह्या हिराइ।
समुंद समाना बूंद में सो कत हेरि जाइ।।

(कबीर बानी)

अब कबीर कहते हैं कि बूंद समुन्दर में नहीं गिरी बल्कि पूरा समुन्दर ही बूंद में गिर गया। बूंद समुन्दर में गिर जाए तो शायद ढूंढी जा सके लेकिन अगर समुन्दर ही बूंद में गिर जाए तो बूंद की क्या हालत होगी? यहां लगता है कि कबीर को अपने अन्दर एक महा शक्ति का अनुभव हुआ। कुंडलिनी जागती है तो इतनी शक्ति उठती है कि उसे सम्भालने की बात, सामान्य इन्द्रियों के बस में नहीं रहती। शक्ति सारे चक्रों के साथ-साथ नई इन्द्रियों को खोल कर हमारा सम्बन्ध पूरी कायनात से जोड़ देती है।

किसी इन्सान को अगर लम्बे समय तक किसी अन्धेरे कमरे में बन्द रखा जाए तो बाहर निकालने पर वह सूर्य की रोशनी और बाहरी शोर को बर्दाश्त नहीं कर पाता। आँखें चौंधियां जाती हैं, कान के पर्दे फटने लगते हैं। ऐसा इसलिए कि जिन इन्द्रियों का इस्तेमाल न किया जाए, शक्ति उन इन्द्रियों की ओर बहना बन्द कर देती है। अचानक उनका इस्तेमाल होने पर सारी शक्ति उन इन्द्रियों की ओर भागती है, जिसे हम बर्दाश्त नहीं कर पाते। रोज़ाना मिलने वाली मामूली-सी शक्ति इकट्ठी होकर यह हाल करती है तो जन्मों-जन्मों से जिस शक्ति का इस्तेमाल नहीं किया गया (जो किसी सागर की शक्ति से कम ताकतवर नहीं), वह जाग जाए तो इन्सान का क्या हाल होता होगा? शायद वही हाल होता होगा जो किसी सूखे से पत्ते का तेज़ आंधियों में होता है।

कबीर को लगा होगा कि उन के मामूली से शरीर पर पूरा आसमान टूट पड़ा है। परमात्मा से मिलना ख़तरनाक है। परमात्मा की सोई शक्ति हमारे भीतर ही हमसे मिलती है। परमात्मा से मिलने में पुराना इन्सान मरता है, नया जन्म लेता है। नया जन्म होने का ही अनुभव होता होगा। बूंद में अगर सागर गिर जाए तो बूंद छिन्न भिन्न हो जाती होगी। बूंद में, बूंद का फिर कुछ नहीं बच सकता।

जांमैं मरै न संकुटि आवै नाँव निरंजन जाकौ।
अविनासी उपजै नंहि विनसै संत सुजस कहैं ताको

(क.ग्र.-माता प्रसाद, पृ.172)

जस तूँ तस तोहि कोई न जान।
लोग कहैं सब आनहिं आन।।

(क.ग्र.-माता प्रसाद, पृ.173)

अपरंपार का नाउ अनंत।
कहे कबीर सोई भगवंत।।

(क.ग्र.-माता प्रसाद, पृ.340)

इन पंक्तियों में कबीर कहते हैं कि सन्त जन जो व्याख्या, जो बखान करते थे वह अब मैं समझ पाया हूं। तेरा अविनाशी रूप मैंने देख लिया है। जिस का जन्म ही नहीं हुआ, उस की मौत कैसे सम्भव है। जो सब का, पूरी सृष्टि का जनक है, उसका अन्त कैसे हो सकता है? उस में सिर्फ कृपा ही कृपा है, संकट नाम की कोई चीज़ नहीं है। वह महा-जीवन है, मृत्यु जैसी कोई चीज़ ही नहीं है। आगे कबीर ने कहा है कि तुझे पूरी तरह कोई जान ही नहीं सकता। तेरा विस्तार अनन्त है। तेरा कोई अंश, तेरा अंश भी कहलाने का अधिकारी तब बनता है जब वह अपने को, अपनी शक्ति को पहचान ले। अंश, समूल को, पूरे को, कैसे जान सकता है? बूंद सागर को कैसे जान सकती है?

बूंद में सागर का गुण पूरा मौजूद होता है। खून की एक बूंद की भी जाँच करके डाक्टर सारे शरीर का हाल मालूम कर सकते हैं। इसी तरह तेरा एक मामूली-सा अंश जब खुद को पहचान लेता है तो तेरी सारी शक्ति, उस में भी मूल रूप से प्रकट होने लगती है। लोग उसी इन्सान के, परमात्मा होने का धोखा खा जाते हैं। वही मुख मण्डल परमात्मा की पहचान बन जाता है। कबीर कहते हैं इस में कोई शक नहीं कि जो इन्सान तुझ से जुड़ जाएं, उन का अपना अस्तित्व समाप्त हो जाता है। वे तेरे ही रूप हैं। वे भले किसी भी नाम से पुकारे जाएं, जीज़स, राम, बुद्ध, नानक या महावीर वे तेरा ही पता बता रहे होते हैं। वे चाहते हैं कि जो उन्होंने पा लिया, वह सब को मिले। वे परमात्मा के ही रूप हैं।

लिखा लिखी की है नहीं देखा देखी बात।
दुल्हा दुल्हन मिल गए फीकी पड़ी बारात।।

कबीर बाइ अबिदा(द्वारा गुलज़ार)

जब मैं था तब हरि नहीं अब हरि हैं मैं नांहि।
सब अंधियारा मिट गया दीपक देर कमांहि।।

कबीर बाइ अबिदा(द्वारा गुलज़ार)

तूँ तूँ करता तूँ भया, मुझ में रही न हूँ।
वारी तेरे नांउ परि, जित देखौं तित तूँ।।

कबीर ग्रन्थावली (पारसनाथ तिवारी पृ-149)

इन दोहों में कबीर कहते हैं कि किसी भी शादी में दुल्हा दुल्हन ही सब के आकर्षण का केन्द्र होते हैं। सब उन्हें देखना चाहते हैं, मुबारकबाद देते हैं लेकिन दुल्हा और दुल्हन तो जैसे एक दूसरे में ही खो जाते हैं। उन्हें किसी की भी सुध बुध नहीं होती ठीक उसी तरह मैं तुझसे मिलकर सारी दुनिया (बारात) को भूल गया हूँ। अब जो लिखा पढ़ा था, जो तेरे बारे में सुना था, वह पीछे छूट गया है। अब तो हम आमने-सामने हैं। कबीर आगे कहते हैं कि मैं जानता हूं कि मेरा अंहकार ही मुझे तुझसे मिलने से रोके हुए था। इन्सान मोहवश या मैं के नशे में ध्यान नहीं कर पाता। लेकिन एक बार ध्यान का नशा हुआ तो जैसे अन्दर प्रकाश होना शुरू हो गया और तू मुझे मिल गया। अब तो मुझ में तू ही है, मेरा कोई पता नहीं। तेरा नाम अज्ञान को खत्म कर चुका है।अब हर तरफ तू ही तू है। हर जगह, हर इन्सान में, हर परिस्थिति को बनाने वाला और इन्हीं परिस्थितियों में जीव का ध्यान अपनी ओर लगाने वाला भी तू ही है।

बोलत बोलत बढ़ै विकार।
बिन बोल्याँ क्यूँ होइ विचार।।

(कबीर ग्रन्थावली, अष्टपदी रमैणी, पृ.-184)

जस कथिये तस होत नहीं।
जस है तैसा सोइ।।

(कबीर ग्रन्थावली, अष्टपदी रमैणी, पृ.-387)

बोलना का कहिए रे भाई।
बोलत बोलत तत्व निसाई।।

(कबीर ग्रन्थावली, अष्टपदी रमैणी, पृ.-184)

ज्ञानी कभी-कभी बड़ी मुश्किल में पड़ जाता है। वह जानता है कि ज्ञान का बखान नहीं हो सकता। ज्ञान तो ध्यान के बाद ही मिल सकता है। ज्ञानी की सारी कोशिश होती है कि लोगों को ध्यान करने की ओर प्रेरित किया जाए लेकिन लोग सीधा ज्ञान चाहते हैं। बिना पानी में उतरे कोई तैरना कैसे सीख सकता है? ज्ञानी जितना समझा सकता है, समझाता है। वह बोलता है क्योंकि वह जानता है कि यदि उसने बोलना भी छोड़ दिया तो लोग इस बारे में विचार तक करना बन्द कर देंगे। यहां यह बात समझने लायक है कि ज्ञान का रास्ता ऐसा ही है जैसे कि आकाश का रास्ता होता है। पंछी उड़ता है लेकिन हवा में कोई निशान नहीं छूटता। पंछी को हम देख सकते हैं तो शायद उस का रास्ता पहचान भी लें लेकिन ज्ञान का रास्ता तो आन्तरिक है। हर ध्यान करने वाले के अपने अनुभव और आगे बढ़ने की अपनी अलग चुनौतियां होती हैं। यदि कोई इन्सान ध्यान शुरू कर दे तो ज्ञानी या गुरु उसे आने वाली मुश्किलों या अड़चनों से पार पाने का रास्ता सुझा कर, उस के ध्यान की गहराई बढ़ाने में सहायक हो सकता है। लेकिन अगर कोई बिना

ध्यान किए, ज्ञान या शक्ति जागरण पर होने वाले अनुभव जानना चाहे तो गुरू लाचार हो जाता है। इस स्थिति के लिए कबीर कहते हैं कि इन अनुभवों को खुद अनुभव करो, इन का बखान संभव ही नहीं हैं वह क्या है, खुद देखो! कबीर कहते हैं बोलकर क्या समझाऊं, क्योंकि मैं बोलूंगा तो बोलता ही चला जाऊंगा। मैं तो देख चुका हूं, मेरी अनुभूतियां मेरी हैं, मैं उन का बखान कर दूंगा पर इस में तुम्हारा नुकसान होगा। मेरे कहे अनुसार तुम एक रूप-रेखा तैयार कर लोगे। तुम वैसे ही अनुभवों की प्रतीक्षा करोगे, जबकि अनुभव अलग-अलग हो सकते हैं। मुझ से ज्ञान पाने का रास्ता पूछो, ज्ञान न पूछो क्योंकि सीधा ज्ञान कभी नहीं मिल सकता(बोलत बोलत तत्त्व निसाई।)

हम सब मांहि सकल हम मांहि।
हम थै और दूसरा नांहि।।

(क.ग्र., पृ-344)

कहु कबीर इहु राम कौ अँसु।
जस कागद पर मिटै न मंसु।।

(संत कबीर, राग गौड़, पृ.-168)

पूरा मिल्या तवै सुख उपज्यौ तन की तपनि बुझानी।
कहै कबीर भव-बंधन छूटै जोतिहि जोति समानी।।

यहां कबीर की वाणी में हैरानी, खुशी, उद्घोषणा सब कुछ घुल-मिल गया है। कबीर कहते हैं कि आज मुझे वह मिल गया है जिसे मैंने कभी खोया ही नहीं था। इन्सान में परमात्मा की दी हुई बेपनाह ताकत है लेकिन इन्सान बेचारा किसी मामूली-सी आरज़ू के लिए भी इधर-उधर भटकता फिरता है। यह कैसी विडम्बना है कि खज़ाने के ढेर पर बैठा इन्सान लगातार भीख माँगता चला जा रहा है। सारी सृष्टि का भेद इन्सान में छिपा हुआ है और फिर भी इन्सान कौड़ियों के लिए मोहताज है।

कबीर कहते हैं कि हमारे अलावा कोई और हकदार भी नहीं है जो परमात्मा की शक्ति से जुड़ सके क्योंकि हम ही उस के अंश हैं। हम इस सारी सल्तनत के मालिक हैं इसीलिए यश, पैसा और ताकत हमारी प्यास नहीं बुझा पाते। पैसा मिले तो कम लगता है, ताकत मिले तो कम लगती है क्योंकि हमें सारी ताकत मिलनी चाहिए। पूरे देश का राजा, एक घर लेकर कैसे संतुष्ट हो सकता है? कबीर कहते हैं कि आज मुझे भी पूरी सल्तनत, पूरी ताकत मिल गई है, अब संतोष मिला है। अब छोटी-छोटी मांगें खत्म हो गई हैं। दुनिया का मोह और बन्धन छूट गए हैं क्योंकि तू मिल गया है (पूरा मिल्यो तवै सुख...)।

हीरा हाथ में हो तो इन्सान पत्थर क्यों संभाले? इन्सान और परमात्मा का मिलन, हर इन्सान का अधिकार है। हक़दार बनो और परमात्मा की पूरी विरासत पर दावा ठोको क्योंकि इस से कम में तुम्हें कहीं भी संतोष नहीं मिलने वाला।

निरगुण राम निरगुण राम जपहु रे भाई।
अवगति की गति लखी न जाई।।
चारि वेद जाके सुमृत पुरांना, नौ व्याकरणां मरण न जाना।।

(क.ग्र., पृ.-175)

कबीर तेज अनंत का,
मानौ ऊगी सूरज सेजि।

(क.ग्र., पृ.-23)

कबीर पारब्रह्म के तेज का, कैसा है उनमान।
कहिबे कौं सोभा नहीं, देख्या ही परवांन।।

(क.ग्र., पृ.-23)

कबीर कहते हैं कि राम-राम जपो। कबीर का गुरुमन्त्र 'राम' था, जो उन्हें 'रामानन्द' से मिला था। 'गुरुमन्त्र' का अर्थ भी समझना जरूरी है। गुरु अपने शिष्य को कोई एक शब्द बोल

देता है और लगातार उसे वह शब्द जपने को कहता है, ताकि सिर्फ वही एक शब्द रह जाए बाकी सारे विचार मन से विदा हो जाएं। ऐसा हो जाए तो मन एकाग्र हो जाता है और फिर जो शब्द जपने को कहा गया था, वह भी छूट जाता है। चारों ओर से मन की गति एक शब्द पर टिक जाती है और वह शब्द भी छूटने पर ध्यान लग जाता है। धीरे-धीरे ध्यान पक्का होने लगे तो फिर 'गुरुमन्त्र' (युक्ति) की भी ज़रूरत समाप्त हो जाती है।

कबीर कहते हैं कि शान्त हो कर, मन को चुप करवा कर ही आन्तरिक शक्ति से जुड़ा जा सकता है। शब्द, विचार से उसे समझना, पकड़ना असंभव है क्योंकि जितना समझोगे, उससे कई गुणा बड़ा हिस्सा बिना समझे ही छूट जाएगा। रोशनी की गति से भी भागोगे तो उसे पकड़ नहीं पाओगे क्योंकि रोशनी को भी वही गति देता है। रोशनी उसी की सत्ता में, उसी से ताकत लेकर चलती है।

चारों वेद, पुराण, व्याकरण रचने वालों ने उन्हें इस लिए नहीं रचा था कि तुम उन्हें कंठस्थ (याद) कर लो। उनमें तो परमात्मा की महिमा है, उस की महिमा गा कर उसे पाया नहीं जा सकता। इन ग्रन्थों को याद करने वाले यह समझ ही नहीं पाए कि इन्हें (ग्रन्थों को) इसलिए रचा गया है कि जब कोई ज्ञान मार्ग पर चले तो जान पाए कि हमसे पहले भी किसी ने उसे पाया था। वह अपनी अनुभूतियों से और ग्रन्थों में मिलने वाले इशारों को समझ कर और आगे बढ़ सके। ज्ञान मार्ग पर यदि कोई दुविधा या रूकावट आए तो यह ग्रन्थ मददगार हो सकते हैं मगर इन का गुणगाण, श्लोकों का अर्थ सुनते रहने से कोई आन्तरिक उन्नति नहीं हो सकती।(नौ व्याकरणा मरम न जाना)।

अगले दोहे में कबीर कहते हैं कि यदि बात समझ में आ जाए तो सब कुछ छोड़ कर ध्यान जगाओ। बाहर का हर

सहारा, हर आडम्बर झूठा है। यदि अपने आप से जुड़ जाओगे तो अनन्त से जुड़ जाओगे। अनन्त इतना प्रकाशमान है कि तुम्हें लगेगा कि जैसे सूरज ही तुम्हारे बिस्तर में आ गया है (उगी सूरज सेजी)। जिन्हें खुद कुछ नहीं पता उनकी बातों में ना आओ, झूठे अनुमान न लगाओ कि परमात्मा तुम पर मेहरबान है या मेहरबान हो जाएगा। झूठी पूजा छोड़ो, पूजा-पाठ से वह कोई छोटी-मोटी इच्छा तो पूरी कर देगा, ख़ुद नहीं मिलेगा। वह कितना न्यारा है, कितना शक्तिमान है और तुमसे कितना प्यार करता है, यह तुम्हें तभी पता चलेगा जब तुम्हारी उस से मुलाकात होगी (देख्या ही परवान)।

भानड़, घड़ण, सँवारण संम्रथ
ज्यूं राखै त्यूं रहिये।

(क.ग्र.-माता प्रसाद गुप्त, पृ.167)

वज्रहु ते त्रिन खिन में होई।
त्रिन ते वज्र करै पुनि सोई।।

क.ग्र.-रमैनी, पृ. 53)

कबीर ने परमात्मा के जनक, पालक और संहारक तीनों रूप एक साथ देख लिए थे। इन पंक्तियों से वे समझाना चाहते हैं कि तुम्हारा बनाया हुआ यहां क्या है। कौन से घर, परिवार को अपना समझ रहे हो? कौन से नए रिश्ते और नई योजनाएं बनाने में जुटे हो? जिस परमात्मा ने पूरी सृष्टि रची है, संचालित की है, वही तो हमें भी चला रहा है। उस एक के हुक्म में सब कुछ चल रहा है। सूरज, चाँद, तारे कभी अपनी गति नहीं बदलते, उन्हीं के प्रभाव से हम भी चलते हैं। पूरी सृष्टि तो अपने लिए कुछ अलग नहीं सोचती। सिर्फ इन्सान ही है, जो

चाहता है कि हर चीज़ अपने नियंत्रण में कर ले। यही वजह है कि पूरी सृष्टि में केवल इन्सान ही दुखी है। यदि हम समर्पण कर दें और यह समझ लें कि ताकतवर को तिनका करने का (वज्रहू ते त्रिन) और तिनके को क्षण भर में फिर ताकत बख्शने का बल परमात्मा में ही है, तो हम शायद सहज हो पाएं और परमात्मा से जुड़ पांए।

पैठा है घट भीतरे, बैठा है साचेत।
जब जैसी गति चाहै, तब तैसी मति देत।।

(बीजक, साखी 329)

गुरू समान दाता नहीं, याचक सीष समान।
तीन लोक की संपदा, सो गुरू दीन्हीं दान।

(सन्त कबीर, डा. राज कुमार वर्मा)

परमात्मा पल भर में ही भाग्य बदल सकता है। राई को पर्वत और पर्वत को राई कर सकता है परन्तु इसका मतलब यह नहीं कि वह कोई पक्षपात या चमत्कार करेगा। वह कोई लेखा जोखा नहीं रखता। हमारे कर्म हमारे भावों के साथ खुद-ब-खुद हमारे अन्दर दर्ज होते रहते हैं। हम यदि किसी की मदद करें लेकिन मन में इसके बदले फायदा लेने की सोच हो, तो यह कर्म मदद (दया) के रूप में नहीं माना जा सकता। हमारा चैतन्य हमारे भाव दर्ज करता है और वह इतना सचेत है कि हम उसे धोखा नहीं दे सकते। यह चैतन्य ही परमात्मा का अंश है इसीलिए कबीर इसे ही परमात्मा कह रहे हैं। हमारे अन्दर जो पुराने कर्म और भाव दर्ज हैं, यही हमारी आगे की गति निर्धारित करते हैं इन्हीं के हिसाब से हमारी बुद्धि कुसंगति या सत्संग की ओर प्रेरित होती है अगर हम ध्यान करने लगें तो हमारे अन्दर

की शक्ति जागेगी। हमें ध्यान की गहराई के हिसाब से पुराने कर्मों से मुक्ति मिलनी शुरू हो जाती है।

कबीर आगे कहते हैं कि सच्चे गुरु की रहनुमाई मिल जाए तो उसके आर्शीवाद से ज्ञान मार्ग पर आगे बढ़ते हुए कर्म के बन्धनों को पीछे छोड़ा जा सकता है। कबीर ने गुरु के लिए दाता शब्द का इस्तेमाल किया है। जो बिल्कुल निस्वार्थ भाव से किसी को कुछ दे, वही दानी है। संसार में यदि कोई व्यक्ति पैसा या ताकत हासिल कर ले तो फिर उस पैसे और ताकत को बचाने और बढ़ाने की दौड़ शुरू हो जाती है। लोग ज़्यादातर किसी की मदद भी तभी करते हैं, जब उन का अपना कोई फ़ायदा हो। संसारी मनुष्य सब कुछ अपने लिए ही करता है।

ज्ञानी को भी ताकत मिलती है मगर वह ताकत आन्तरिक है। यह आन्तरिक शक्ति इतना संतोष और आनंद देती है कि ज्ञानी चाहता है कि यह शक्ति (जो हर इन्सान में मौजूद है) हर किसी को मिल जाए। ज्ञानी के इसी भाव की वजह से कबीर गुरु को दाता कह रहे हैं। गुरु तो देने को तैयार रहता है, यदि शिष्य सच्चा हो, जो सच की तलाश में हो, जिस की मांग शारीरिक नहीं आत्मिक हो, तो गुरु ध्यान में मदद कर के उसे उस की आन्तरिक शक्ति तक पहुंचा देता है। यह आन्तरिक संपदा तीनों लोकों की मिलकीयत से भी ज़्यादा मूल्यवान है।

कनक लेहु जेता मनि भावै, कामिनि लेहु मनहरनी।
पुत्र लेहु विद्या अधिकारी, राज लेहु सब धरनी।।
अठि सिधि लेहु तुम्ह हरि के जनां नवै निधि तुम्ह आगै।
सुर नर सकल भुवन के भूपति, तेऊ लहै न माँगै।।

तैं पापनी सबै संघारे, काकौ काज संवार्‌यो।
जिनि-जिनि संग कियो है तेरौ, को बेसासि न मार्‌यो।।

कबीर ग्रन्थावली, माता प्रसाद , पृ. 308)

इन पंक्तियों में कबीर ज्ञान के रास्ते में मिलने वाली शक्तियों और मोह-माया के विभिन्न रूपों का ज़िक्र कर रहे हैं एक आम इन्सान तो मोह और माया के जाल में फँसता ही है, ज्ञान पथ पर चलने वालों को भी माया भ्रमित करती है। आन्तरिक शक्तियां मिलने लगें तो उन को इस्तेमाल करने का लालच भी जागता है। कई साधक तो इन शक्तियों को पाकर ही खुश हो जाते हैं। इन शक्तियों से कुछ लोग चमत्कार भी करते हैं। इन शक्तियों का गलत इस्तेमाल ज्ञान पथ से तो भटकाता ही है, जीव की अधोगति भी करवाता है। शक्तियों के प्रलोभन में कमज़ोर इच्छा शक्ति का साधक फँस जाता है। यहां यह बात भी समझनी जरूरी है कि माया का कोई साकार रूप नहीं है, जो सामने आकर प्रलोभन देने लगे। यह हमारे अपने मन की ही दुर्बलता है, जो फिर से दुनियावी ताकत या यश पाने के लिए इन शक्तियों का इस्तेमाल करना चाहता है।

कबीर ने भी इन परिस्थितियों का सामना किया था। कबीर बड़े साफ शब्दों में कहते हैं कि माया ने मुझे लालच दिया कि मैं जितना चाहूं उतना सोना (कनक) ले लूं और साथ ही मन को भाने वाली सुन्दरी (कामिनी) भी ले लूं। ऐसा पुत्र जो बहुत निपुण और आज्ञाकारी होगा, वह भी मुझे मिल सकता है। सारी धरती का राज-पाठ भी मुझे मिल सकता है (राज लेहु सब धरनी)। ऐसे प्रलोभन हों तो किसी का भी मन ललचा सकता है। जब शक्ति जागती है तो कामनाएं पूर्ण होने लगती हैं। शक्ति उन चक्रों को खोल देती है जिन की वजह से हम विपरीत परिस्थितियों में फँसते हैं। केवल यही नहीं, यदि यह चक्र खुल जाएं तो आठों सिद्धियाँ और नौ निधियाँ भी स्वत: साधक की झोली में आ जाती हैं जिन्हें पाना आम इन्सान तो

क्या राजाओं इत्यादि के भी बस की बात नहीं है (आठ सिद्धि लेहु)।

कबीर की शक्ति जागृत थी, परमात्मा से सम्बन्ध बन रहा था। यह उन के मन का ऐसा आख़िरी पड़ाव था, जहां उन्हें दुनिया की सारी ताकत भी मिल सकती थी। यदि दुनिया का मोह यहां भी हावी न हो पाए तो साधक की जागृत शक्ति परमात्मा की शक्ति से जुड़ कर महा-आनन्द और मोक्ष तक ले जाती है। कबीर यदि यहां सम्पूर्ण ज्ञान पाने के लिए दृढ़ न रहते तो आज हम उन्हें महा ज्ञानी के रूप में याद न करते।

कबीर ने अपने मन के लालच और माया को पहचान कर आगे कहा है कि जो भी माया और मन के पीछे भागा, उसने मोक्ष नहीं पाया। अपने तप और शक्ति के बल पर जो भी साँसारिक उपलब्धि मिलेगी, वह समय के साथ खत्म हो जाएगी। बड़े से बड़े राज-पाठ भी खत्म हो जाएंगे। माया और मन के पीछे लगकर यदि मोक्ष को छोड़ दिया, तो यह अपने आप से और परमात्मा से विश्वासघात् होगा। ऐसे इन्सान का शरीर तो आम लोगों की तरह श्वास खत्म होने पर खत्म होगा ही, उस की अपने आत्मा स्वरूप की अनुभूतियाँ भी छूट जाएंगी। ज्ञान प्राप्ति के लिए उसे अगले जन्मों में फिर, नए सिरे से मेहनत करनी होगी।

गगन मठ गैब निसान उड़े।
चन्द्रहार चँदवा जहँ टाँगे, मुक्ता-मानिक मढ़े।
महिमा तासु देख मन थिर कर, रवि-ससि जोत जरे।
कहैं कबीर पियै जोई जन, माता फिरत मरे।।

(कबीर बानी, पृष्ठ-73)

पानी बिच मीन प्यासी।
मोहीं सुन-सुन आवै हाँसी।।
घर में वस्तु नजर नहिं आवत।
बन बन फिरत उदासी।।
आत्मज्ञान बिना जग झूँठा।
क्या मथुरा क्या कासी।।

(कबीर बानी, पृष्ठ-72)

इन पंक्तियों में कबीर बताते हैं कि मन की आखिरी बाधा पार कर लेने पर क्या मिलता है। कबीर कहते हैं कि पूरा आकाश और जहाँ हम न भी देख पाएं (ग़ैब), जो छुपा हुआ है, वहां भी परमात्मा का ही परचम लहरा रहा है। उस परचम पर चाँद का चन्द्रहार और सितारे, हीरे मोतियों और माणिकों की तरह जड़े हुए हैं। हम अपने-अपने संसार को अपने मामूली से हाथों से सजा कर कितने खुश होते हैं। मगर परमात्मा ने तो पूरी सृष्टि को इस तरह सजाया है कि इसकी सजावट युगों-युगों तक बनी रहती है।

मन स्थिर हो जाए तो परमात्मा की कृति नज़र आए। हम अपनी छोटी मोटी मांगों के लिए प्रार्थना करते हैं, आरती करते हैं। इन्सान सिर्फ पापों के परिणामों और मुश्किलों के भय वश या किसी मनोकामना की पूर्ति के लिए ही परमात्मा की पूजा करता है। लेकिन सारी सृष्टि हर समय परमात्मा की आरती उतार रही है। चाँद-सूरज की ज्योति, इस आरती में दीयों के समान है।(रवि, ससि जोत जरे)। कबीर कहते हैं पूरी सृष्टि ही परमात्मा के नशे में है। जब कोई इन्सान यह नशा कर ले तो वह औरों को भी इस नशे की लत लगाने के लिए मारा-मारा फिरता है।

ज्ञान एक तरह का नशा ही है। जिसके खुमार में वह नज़र आने लगता है, जो सामने रह कर भी छुपा हुआ था।

कबीर हैरान होते हैं कि वह आवाज़ लोग क्यों नहीं सुन पा रहे जो हर क्षण उन्हें न्यौता दे रही है। कबीर कहते हैं कि इससे बड़ा मज़ाक और क्या होगा कि पानी में रहने वाली मछली प्यासी है(मीन प्यासी)। कबीर साधु-सन्तों और संन्यासियों को भी उदास पाते हैं। कबीर कहते हैं कि सब उदास हों भी क्यों न? वे उसे ढूंढ रहे हैं, जो कि खोया ही नहीं है (घर में वस्तु नजर नहीं आवत)।

अपने अन्दर शक्ति का भंडार है लेकिन उसे जगाने के बजाए अज्ञानी लोग मन को मारने के लिए जंगलों में घूम रहे हैं (बन-बन फिरत उदासी)। कबीर कहते हैं कि सारा सँसार और सँसार द्वारा बनाया गया परमात्मा (मूर्तियां, मन्दिर, मस्जिद), सब झूठे हैं। सारे तीर्थ-धाम बेकार हैं जब तक कि इन्सान खुद को, अपनी शक्ति को नहीं पहचानता। परमात्मा का बनाया असली मन्दिर इन्सान खुद है। अपने को पहचानो (आत्मज्ञान बिना जग झूठा)।

ज्ञान बाँटना

कबीर की सारी शिक्षा आडम्बरों, रीति-रिवाज़ों पर चोट करने के साथ-साथ हम अन्तर्मुखी होने को भी प्रेरित करती है। अपने अन्दर मौजूद संपदा को पाने के बाद ही इन्सान को तृप्ति मिल सकती है, वर्ना तो इन्सान एक गरीब, भिखारी ही बना रहता है। इस का सबसे बड़ा कारण है कि हम अपनी हैसियत से अनजान हैं।

हम दूसरों की नज़रों में अपनी कीमत के हिसाब से ही अपना मूल्यांकन करते हैं। पैसा कमाते है, बड़ा घर बनाते हैं और चाहते हैं कि और लोग इन्हें देखकर हमारी इज़्जत करें। ज़्यादातर परोपकार, दान और लंगर इत्यादि भी इसीलिए लगाए जाते हैं कि सब हमारी तारीफ करें। दूसरों की नज़रें हमारे लिबास और घर की सजवट से मंत्रमुग्ध हो जाएं तो हम बड़ी संतुष्टि मिलती है। हम किसी दूसरे की नज़र से ही खुद को बड़ा महसूस करते हैं। इसी हिसाब से जो हम से बड़े हैं, हम उनसे बड़ा भी होना चाहते हैं। हम और बड़े सपने देखते हैं। जितने बड़े सपने, उतनी बड़ी दौड़ । हम उन्हीं सपनों से तुलना करते हैं कि आज हमारे पास क्या है। जो है वह बहुत कम लगता है। इस तरह हम खुद ही अपने को गरीब बनाए रखते हैं। शायद इसीलिए जितना पैसा या ताकत हमें मिलती है, हम उतने ही और गरीब हो जाते हैं।

एक छोटी-सी कहानी है कि एक बड़ा व्यापारी मृत्यु शैय्या पर था। आँखें बन्द होने वाली थीं। उसने अपनी पत्नी से पूछा कि बड़ा बेटा कहां हैं? बेटा पास ही था, तो उस ने पूछा दूसरा बेटा कहां है? पत्नी की आँखें भर आईं कि शायद इनका अन्त आ गया है, ये सब को देखना चाहते हैं। छोटा बेटा बोला कि मैं भी आपके पास ही हूं, बाबू जी! व्यापारी ने आँखें खोलीं, दोनों की ओर देखा और बोला, ''बद्‌तमीज़ों तुम दोनों ही यहां पर हो तो फिर दुकान पर कौन है?''

मरने के वक्त भी अगर दुकान नहीं छूट रही, तो जीते जी क्या हाल रहा होगा? मरने के वक्त भी बहुत से लोगों की यही हालत रहती है। जैसी ज़िन्दगी हम जीते हैं, हमारी मौत उसी ज़िन्दगी का निचोड़ होती है। बहुत से लोग कहते हैं कि पहले ज़िम्मेदारियां निभाओ, बाद में परमात्मा को याद करेंगे। ज़िम्मेदारियां और सपने बढ़ते चले जाते हैं, परमात्मा छूटता चला जाता है।

तुम कौन हो, इस सवाल का जवाब दूसरों की नज़रों में न खोजो। अपने ही अन्दर खोजो। अपनी सच्ची पहचान, अपने ही अन्दर मिलेगी। कबीर को भी जब शरीर के अन्दर एक अलग शक्ति का अहसास हुआ तो उन्होंने कुछ ऐसा कहा-

भला हुआ मेरी मटकी फूटी
मैं पनिया भरन से छूटी ।।

(कबीर बाई आबिदा, द्वारा गुलज़ार)

शरीर मरता है, आत्मा अमर है। यह एक ऐसा वाक्य है जो हम रोज़ाना बोलते व सुनते हैं। हमें यह वाक्य अच्छी तरह याद हो गया है। हमें अपने आत्मिक रूप की, आन्तरिक शक्ति की कोई अनुभूति हो या न हो, हम फिर भी इसे दोहराते हैं। दोहराने से ऐसा महसूस होता है कि हम इस सच्चाई को जानते हैं कि आत्मा अमर है, लेकिन यह सरासर झूठ है। यह ठीक ऐसा ही है जैसे कोई अँधा कहे कि गुलाब का फूल बड़ा ख़ूबसूरत है या कोई बहरा किसी के गाने की तारीफ करे।जब तक हम अपने अन्दर की ताकत को अनुभव न कर लें, हम इस सच्चाई से अनभिज्ञ ही रहेंगे।

कबीर को जब अपने अन्दर, अपने मूल स्रोत की झलक मिली तो उस दिन उन्हें अहसास हुआ कि शरीर किस शक्ति के प्रभाव से चलता है। 'मटकी' को इन पंक्तियों में उन्होंने शरीर बोध बताया है। उन्होंने अपने अन्दर देखा कि कोई और शक्ति है जो शरीर तक आती है और शरीर चलता है। इस शक्ति की मामूली-सी झलक भी इन्सान की सारी सोच को बदल सकती है क्योंकि हम सारी उम्र खुद को शरीर ही मानते रहते हैं। कबीर कहते हैं कि आज मेरी आँखें खुली हैं। मैंने जान लिया है कि मैं शरीर नहीं हूं, मैं वह ताकत हूं जो शरीर को चला रही है। जब मैं शरीर ही नहीं हूं तो शरीर के लिए किए जाने वाले काम भी खत्म हो गए। शरीर के लिए जो सुख सुविधाएं चाहिए थीं, वह अब नहीं चाहिएं (मैं पनिया भरन से छूटी)। कबीर चाहते थे कि लोग भी इस सच्चाई को अनुभव करें और जीवन की दिशा को बदलें।

कबीरा सो धन सँचिये जो आगे को होए।
सीस चढ़ाए गाठढ़ी जात न देखा कोए।।

(कबीर बाई आबिदा, द्वारा गुलज़ार)

कबीर कहते हैं कि अपनी सही पहचान मिल जाए तो फिर तुम उसे ही संजोना चाहोगे क्योंकि वही तुम्हारा सच्चा रूप है। वही शक्ति तुम्हें आगे बढ़ाएगी। शरीर के सुख पाने का लालच इन्सान से कई गल्तियां करवाता है। कभी तुम झूठ बोलते हो, कभी किसी को धोखा देते हो। इन सब कर्मों का बोझ तुम्हारे सिर पर बढ़ता जाता है(सीस चढ़ाए गाठढ़ी)। धन या पद की लालसा में तुम कर्म तो करते हो पर उन कर्मों की जात नहीं देखते(जात न देखा कोए)। शरीर के सुख पाने की

लालसा में अन्धे हो कर अच्छे-बुरे कर्मों का बोझ अपने सिर पर लादते जा रहे हो। इन कर्मों का निपटारा तुम्हें हर हाल में करना पड़ेगा

चलती चाकी देख के दिया कबीरा रोए।
दो पट भीतर आए के साबत गया न कोए।।

(कबीर बाई आबिदा, द्वारा गुलज़ार)

जा को राखे साँइयां मार सके न कोए।
बाल न बांका कर सकै जो जग बैरी होए।।

(कबीर बाई आबिदा, द्वारा गुलज़ार)

जो कछु कीया सो तुम किया मैं कछु किया नांहि।
कहो कही जो मैं कीया तुम ही थे मुझ मांहि।।

(कबीर बाई आबिदा, द्वारा गुलज़ार)

हर ज्ञानी, आम लोगों की हालत देखकर तड़प उठता है। कबीर भी लोगों को दुखी देख कर आहत थे। जिस प्रकार आटा पीसने वाली चक्की के दो पट होते हैं, जो दानों को पीस कर आटा बना देते हैं, ठीक उसी तरह दो तरह के (अच्छे-बुरे) कर्म इन्सान को जन्म-मरण के चक्कर में बाँधे रखते हैं। अच्छे कर्मों का फल अच्छा तो मिलता है, मगर इन्सान यह समझता है कि मैं इन फलों को खुद ही उत्पन्न कर रहा हूं। इससे अहँकार पैदा होता है और यही अहँकार बुरे कर्म करवाता है, जिनका परिणाम बुरा होता है। इन्सान फिर ग्लानि से भर कर कोई अच्छा काम, कोई पुण्य कर्म इत्यादि करता है। फिर अच्छा परिणाम, फिर अहँकार, इस तरह एक क्रम-सा चलता रहता है। यह सिलसिला तभी टूट सकता है जब हमारा शरीर बोध टूटे, जो कि ध्यान करने से ही सम्भव हो सकता है।

गीता में श्री कृष्ण भी अर्जुन के माध्यम से पूरी मानव जाति को यही संदेश देते हैं कि दृष्टा बनो। ऐसा न सोचो कि तुम कुछ कर रहे हो। यह स्थिति तभी आ सकती है जब हमें शरीर से अलग अपनी पहचान मिल जाए। कबीर भी यही कहते हैं कि ध्यान करो, खुद को पहचानो और हर तरह के कर्म बन्धन से मुक्त हो जाओ।

(जा को राखे साँइयां--।।) कबीर का यह दोहा बहुत ज़्यादा प्रचलित है। इस दोहे से ऐसा मालूम होता है कि परमात्मा हमारा रक्षक है। विपत्ति आ जाए तो इस दोहे को उच्चार कर हम समझते हैं कि परमात्मा हम बचा लेगा। यह समझना बहुत ज़रूरी है कि परमात्मा न तो किसी की लॉटरी लगवाने की कोशिश करता है और न ही किसी का घर बिकवाने की मंशा रखता है। यह सब कुछ हमारे ही पुराने कर्मों के प्रभाव से होता है। हां, पुराने कर्मों से जो बाधा हमारे चक्रों में आ जाए, उपाय करने से उनमें कुछ सुधार ज़रूर आ सकता है। इन दुष्कर्मों से बचने का उपाय केवल ध्यान है। हमारे अन्दर की शक्ति (कुंडलिनी) ही जागकर अपनी ताकत से चक्रों को खोल सकती है, जिस से हम पुराने कर्मों के दुष्प्रभाव से बच सकते हैं। यह एक सच्चाई है कि अपनी शक्ति से जुड़ने की प्रेरणा परमात्मा ही इन्सान को देता है। अपनी शक्ति से जुड़ जाने पर इन्सान के दिल से भय समाप्त हो जाते हैं और वह सच्ची (परमात्मा की) बात करता है चाहे सारी दुनिया उस का विरोध करे। कबीर इस दोहे में यही बात समझाना चाहते हैं कि पहले खुद से जुड़ो, परमात्मा की शक्ति तुम्हें खुद ब खुद मिल जाएगी। परमात्मा के अंश के रूप में अपनी पहचान पा लोगे तो शरीर पर आने वाली विपत्तियां भी तुम्हें ज्ञान मार्ग से डिगा न पाएंगी।

कबीर आगे यह भी कहते हैं कि उन्नति बाहरी हो या आन्तरिक उस में हमारी कोई बढ़ाई नहीं है। क्योंकि हर तरह की प्रेरणा इन्सान को अपने अन्दर मौजूद, परमात्मा की प्यास से ही मिलती है।

जिन को सांई रंग दिया कभी न होए कुरंग।
दिन दिन बाणी आगरी चढ़े सवाया रंग।।

(कबीर बाई आबिदा, द्वारा गुलज़ार)

मेरा मुझ में कुछ नहीं जो कुछ है सो तेरा।
तेरा तुझ को सौंप दूं क्या लागे मेरा।।

(कबीर बाई आबिदा, द्वारा गुलज़ार)

साहिब सूं सब होत है बन्दे ते कछु नांहि।
राई तै पर्वत करै पर्वत राई मांहि।।

(कबीर बाई आबिदा, द्वारा गुलज़ार)

कबीर कहते हैं कि परमात्मा द्वारा दी गई अन्तर प्रेरणा से जब कोई ज्ञान मार्ग पर चल पड़ता है तो वह परमात्मा के रंग में ही रंग जाता है। यहां यह बात समझनी बहुत ज़रूरी है कि सँसार में हमें जो कुछ भी मिलता है, जैसे माँ-बाप, रिश्ते-नाते, धन-दौलत या ताकत, इन सब की एक उम्र होती है। बड़े-बड़े भूपति कर्ज़े में डूब सकते हैं। दुनिया में कुछ भी स्थायी नहीं है, लेकिन ज्ञान मार्ग पर जब आन्तरिक अनुभूतियां मिलनी शुरू हो जाएं तो वे कभी नहीं छूटतीं। हमें अपनी शक्ति जागने पर जो ज्ञान मिलता है, वह सदा हमारे साथ रहता है। यहां तक कि मृत्यु भी हो जाए तो अगले जन्म में आपकी यात्रा वहीं से शुरू होती है, जहां पिछले जन्म में छूटी थी। इसीलिए कबीर ने कहा (कभी न होए कुरंग।) जितना रंग

परमात्मा का (ज्ञान प्राप्ति) चढ़ जाए, वो नहीं छूटता। जितना आप अपने आन्तरिक कोष (आगरी) से जुड़ते चले जाते हो, यह रंग और पक्का होता चला जाता है।

आगे कबीर कहते हैं कि मैंने जो भी पाया है वह तेरी ही प्रेरणा से, तेरे ही उपकार से पाया है। वह लोगों को भी यही समझाते हैं कि जो तुम्हें मिला है, वह उस की कृपा जानो। कबीर कहते हैं कि उसका दिया हुआ, उसी को समर्पित करने का हुनर आ जाए, उसी के दिए संसार व परिवार में अलिप्त हो कर रहना आ जाए तो एक क्षण में इन्सान परमात्मा को पा सकता है।

'नाज़ी' यूं भी ज़िन्दगी दी हुई उसी की थी।
हक्क पा जाते गर हक अदा करते।।
(हक्क-सच्चाई)

कर्त्ता था तो क्यों रहा अब काहे पछताए।
बोवे पेड़ बबूल का आम कहां से खाए।।

(कबीर बाई आबिदा, द्वारा गुलज़ार)

कबीर हर किसी को जगाने के लिए एक ही बात दोहराते थे कि दृष्टा भाव जगाओ, कर्त्ता मत बनो। इन्सान जब शरीर को ही सब कुछ मान कर कोई काम करता है तो यह सोच निरन्तर बनी रहती है कि यह मैंने किया, यह मेरी सोच थी, इत्यादि। यह कर्त्ता का भाव तभी टूट सकता है जब अपनी आत्मिक पहचान मिले। जब तक कर्त्ता का भाव रहेगा, कर्म पैदा होते रहेंगे। कर्म पैदा होंगे तो उनका परिणाम (अच्छा या बुरा) भोगना ही पड़ेगा। इस प्रकार कर्म-बंधन में फँसा हुआ मनुष्य ज्ञान का फल कभी नहीं खा सकता। इसीलिए कबीर कर्त्ता भाव से किए गए कर्मों को बबूल का पेड़ बता रहे हैं।

ऊँचे पानी लौट के नीचे ही ठहराए।
नीचा होए सो भर दिए ऊँचा प्यासा जाए।।

(कबीर बाई आबिदा, द्वारा गुलज़ार)

रूखा सूखा खाए के ठंडा पानी पिऊ।
देख पराई चौपड़ी मत ललचाए जिऊ।।

(कबीर बाई आबिदा, द्वारा गुलज़ार)

चाह गई चिन्ता मिटी मनवा बेपरवाह।
जिन को कछु न चाहिए वो ही शाहनशाह।।

(कबीर बाई आबिदा, द्वारा गुलज़ार)

कबीर कहते हैं कि जो कामयाब हैं, यानी जिनको अपने कर्मों का फल अच्छा मिल रहा है, वे भी जाग जाएं तो अच्छा है। कबीर कहते हैं कि यह भी परमात्मा का ही आर्शीवाद है कि वे लोग कामयाबी की ऊँचाई पर पहुंच गए हैं। बदलाव सृष्टि का नियम है। यहां सब कुछ गोल-गोल घूम रहा है। कामयाबी यदि अहँकार बन जाए तो पतन बहुत जल्दी हो सकता है। कामयाबी ज़्यादा समय तक बनी रह सकती है यदि इन्सान तहे दिल से इसे परमात्मा का वरदान माने। अहँकार रहित मन ही अपने अन्दर उतर सकता है। जो अपने अन्दर उतर पाए, उसे परमात्मा अपने प्रकाश से भर देता है । कामयाबी जिस इन्सान के दिमाग को सातवें आसमान में उड़ाती रहे, उस इन्सान को ज्ञान के बिना ही बार-बार जीना-मरना पड़ता है।

कबीर कहते हैं कि यह बहुत ज़रूरी है कि तुम में संतोष का उदय हो। कामयाबी, पैसे और ताकत प्राप्ति का कोई अन्त नहीं है। दूसरों को देख कर ज़्यादा पाने की चाह रखना मूर्खता है। जो इन्सान अपने मन के माया जाल को समझ कर इच्छाओं के पीछे भागना बन्द कर देता है, उसकी सारी चिन्ताएं समाप्त होने लगती हैं। यही वह स्थिति है जब मन टिकता है

और ध्यान की शुरूआत होती है। (चाह गई चिन्ता मिटी मनवा बेपरवाह)। यदि यहां से मन को यथा स्थिति में बनाए रखा जाए तो धीरे-धीरे सारी मांगें थमने लगती हैं। कबीर कहते हैं कि ऐसा इन्सान शाहों का शाह, राजाओं का राजा बन जाता है क्योंकि उस का सम्बन्ध दुनियावी ताकत की बजाए, अपनी अन्दुरूनी ताकत से जुड़ जाता है। (वो ही शहनशाह)!

ज्यों नैनन में पोतड़ी यूँ ख़ालिक घट मांहि।
मूर्ख लोग न जानैं बाहर ढूंढन जांहि।।

(कबीर बाई आबिदा, द्वारा गुलज़ार)

प्रीतम को पत्तिया लिखूं जो कहुं होए बिदेस।
तन मा मन मा वा बसै का को कहा संदेस।।

(कबीर बाई आबिदा, द्वारा गुलज़ार)

ज्यों तिल मांहि तेल है और चक्मक में आग।
तेरा सांई तुझ में बसे जाग सके तो जाग।।

(कबीर बाई आबिदा, द्वारा गुलज़ार)

कबीर पहले तो धर्मान्धिता के शिकार लोगों को मूर्ख बता रहे हैं कि परमात्मा, जो कण-कण में (ख़ालिक घट मांहि) मौजूद है, तुम उसे ढूंढने क्यों पहाड़ों, तीर्थों इत्यादि में जाते हो? आँखों में जैसे पुतली बसती है, वैसे ही परमात्मा की ताकत तुम में मौजूद है। कोई दूर हो तो उसे बुलाने का कोई उपाय भी किया जाए। जो हर दम साथ है, हर आती-जाती साँस में है, उसे मिलने के लिए किसी दूसरे के हाथ कहां संदेश भेजोगे? (का को कहा संदेश)।कबीर कहते हैं वह तुम्हारे साथ है, बस तुम्हारी नज़र ही उसे देख नहीं पा रही।

एक छोटी-सी कहानी है कि एक आदमी ने किसी गुरु से पूछा कि क्या आपने परमात्मा को देखा है और यदि देखा है तो उसे मुझसे भी मिलवाओ। गुरु बोले अपना पता बता दो मैं

परमात्मा को तुमसे मिलवा दूंगा। उस व्यक्ति ने अपने घर का पता बताया तो गुरु ने कहा कि घर पर तो तुम हर समय रहते नहीं होगे, पक्का पता बताओ। उसने अपनी दुकान का पता बताया तो गुरु ने फिर कहा कि दुकान से भी बाहर आते-जाते होगे, यह भी पक्का पता नहीं है। वह आदमी खीझ कर बोला कि और कौन-सा पक्का पता होता है? गुरु बोले तुम्हारा पक्का पता कहीं बाहर नहीं, तुम्हारे ही भीतर है। तुम्हारी आन्तरिक चेतना ही तुम्हारा पक्का पता है। गुरु ने आगे कहा कि यदि तुम ने अपना पक्का पता, अपने अन्दर खोज लिया तो तुम हैरान रह जाओगे, क्योंकि वहां तुम्हें परमात्मा, तुम्हारा इंतज़ार करता हुआ मिलेगा।

इसी तरह कबीर कहते हैं कि तिलों में तेल होता है पर मेहनत करने से मिलता है। पत्थर (चक्मक) में आग होती है जो पत्थरों को रगड़ने से मिलती है। ठीक उसी तरह मोह माया की बेहोशी तोड़ो, जन्मों से नींद में हो, इस नींद को भगाओ ताकि अपने अन्दर बसे परमात्मा से तुम्हारी पहचान हो पाए(तेरा सांई तुझ में बसे जाग सके तो जाग)।

मन लागा यार फकीरी में
आखिर ये तन खाक मिलेगा क्यों फिरता मगरूरी में।
कहै कबीर सुनो भई साधो साहिब मिले सबूरी में।।

(कबीर बाई आबिदा, द्वारा गुलज़ार)

कबीर इन पक्तियों में मन के खेल को समझने का इशारा करते हैं। मन की कार्य-शैली समझ में आ जाए तो मन के बुने जाल से उबरा जा सकता है। कबीर इस गुत्थी को सुलझा पाए, इसीलिए उन का मन संसारिक विषयों से हट कर फ़कीरी में लग पाया। कबीर कहते हैं कि हर इन्सान इस

सच्चाई से वाकिफ है कि देह मिटेगी (तन ख़ाक मिलेगा)। शरीर हर गुज़रते पल के साथ क्षीण हो रहा है, बाल झड़ रहे हैं, चेहरे की त्वचा ढीली हो रही है, भाग दौड़ करने की ताकत चुक रही है। यह सब को नज़र आता है कि शरीर किस ओर जा रहा है। श्मशान में जा कर तो यह झटका और ज़ोर से लगता है कि हम ने भी यहीं आना है, मगर बाहर आकर फिर से हम पुरानी दौड़ में क्यों खो जाते हैं?

कबीर ने इस भटकाव को 'मगरूरी' नाम दिया है। यह मन की ही एक अवस्था है। मन हम में कई चीज़ों के लिए चाह पैदा करता है। इस चाह की वजह से वे चीज़े कीमती हो जाती हैं। कीमती चीज़ हाथ में आ जाए तो गुरूर पैदा हो जाता है कि यह मेरी है। सोना, ताकत इत्यादि सभी चीज़ों की कीमत हमारे मन की वजह से है। सोने में क्या है? वह भी पत्थरों की तरह धरती से निकलता है। कई ऐसी भी जनजातियां है जो सोने को कीमती नहीं मानतीं। हमारा लोभ ही सोने को कीमती बनाता है। हम ज़्यादा सोना, हीरे-जवाहरात इसीलिए चाहते हैं कि इन्हें दूसरों को दिखा कर अपनी हैसियत बता सकें।

दरअसल यह इन्सान की अन्दरूनी कंगाली की सूचना है कि हमें खुद को बड़ा दिखाने के लिए पत्थरों का सहारा लेना पड़ता है। यही मन का खेल है कि पहले आसक्ति पैदा करके किसी चीज़ को कीमती बना देता है फिर उस चीज़ से ही अहँकार निर्मित करता है।

कबीर समझा रहे हैं कि मन द्वारा बनाए जाने वाले झूठे विषयों और अहँकार को समझो। इसी धोखे में तुम हर बार परमात्मा से वंचित रह जाते हो। यह खेल समझ में आ जाए तो तुम में भी सब्र (सबूरी) उत्पन्न हो जाएगा। मन की बाहरी दौड़

रूकेगी, तभी आन्तरिक सफर शुरू होगा, जहां परमात्मा मिलेगा (साहिब मिले सबूरी में)

पाहण पूजे हरि मिलें तो मैं पूजूं पहार।
तात यद चाकी भली पिस खाए सँसार।।

(कबीर बाई आबिदा, द्वारा गुलज़ार)

कबीर ने सिर्फ विषयों और लोभ से बचने का रास्ता ही नहीं सुझाया, उन्होंने पूजा-पाठ, तीर्थ-यात्राओं इत्यादि को भी बेकार बताया है। लोक-परलोक सँवारने का चक्कर, पाप कर्मों से निजात के तरीके, सब झूठे हैं। दान-पुण्य से आध्यात्मिक जगत में कोई फायदा नहीं मिलता। हमारा मन इस झूठे आश्वासन पर विश्वास कर लेता है कि थोड़े पैसे खर्चो, चार भूखों को रोटी खिलाओ, मन्दिर-मस्जिद या धर्म के नाम पर दान दो, चार धाम की यात्रा कर लो, तो पुराने पापों से छुटकारा मिल जाएगा और मरने पर मोक्ष मिल जाएगा। इस झूठ से हमारा एक और नुकसान होता है कि जब मन मान ले कि मैंने पुराने पापों से, इतनी आसानी से छुटकारा पा लिया है तो नई गल्तियां करने का रास्ता भी खुल जाता है। इस तरह हर महीने या हर साल तीर्थ यात्रा चलती रहती है और पाप या गल्तियां करने की आदत पक्की होती चली जाती है।

कबीर ने बड़े आसान तरीके से समझाया है कि पत्थर को पूजने से, पहाड़ों की (तीर्थ) यात्रा से कोई आन्तरिक प्रगति नहीं हो सकती। आन्तरिक प्रगति के बिना परमात्मा नहीं मिल सकता। कबीर कहते हैं कि मुझे समझाओ यह कैसे संभव है? अगर यह संभव है, तो मैं भी इन आडम्बरों को अपना लूंगा(तो मैं पूजूं पहार)। वे कहते हैं कि यदि पूजा ही करनी है तो उस

चक्की की पूजा करो जो आटा पीस कर सारी दुनिया का पेट भरती है (तात यद चाकी भली पिस खाए सँसार) ।

जोगी गोरख गोरख करै।
हिन्दु राम नाम उच्चारै।
मुसलमान कहै एक खुदाई।
कबीर कौ सुआमी घट घट रहिउ समाई।।

(कबीर ग्रन्थावली, पृ. 200)

हिन्दु मुआ राम कहि, मुसलमान खुदाई।
कहै कबीर सो जींवता, जो दुहूं के निकटी न जाइ।।

(कबीर ग्रन्थावली, पृ. 210)

एक बूंद एकै मल मूतर, एक चांम एक गूदा।
एक जोति थैं सब उतपनां, कौन बाम्हन कौन सूदा।।

(कबीर ग्रन्थावली, पृ. 106)

अला एकैं नूर निपाया, ताकी कैंसी निंदा।
वा नूर थैं सब जग कीया, कौन भला कौन मंदा।।

(कबीर ग्रन्थावली, पृ. 176)

कबीर आम लोगों को समझाने के लिए बड़ी आसान भाषा में कह रहे हैं कि जोग (योग साधना) के मार्ग पर चलने वाले कहते हैं कि यह मार्ग (जिस से शरीर साधा जाता है) परमात्मा तक ले जाएगा। हिन्दु राम नाम को जपना ही मोक्ष प्राप्ति का मूल मन्त्र मानते हैं । मुसलमान अपने ढंग से खुदा के मिलने की बात करते हैं। यह सब अपनी अपनी जगह ठीक भी हैं और गलत भी हैं।

ठीक ऐसे हैं कि चारों ओर परमात्मा की शक्ति है। हर कण उसी शक्ति के हुक्म में है। इस विचार से सभी रास्ते उस परमात्मा तक जाते हैं। किसी पहाड़ पर चारों ओर से चढ़ा जा सकता है, अंत में चोटी ही रह जाएगी। अगले दोहे में वे इसे गलत बताते हैं कि जब सिर्फ अपना रास्ता ही सही लगने

लगे और दूसरा का रास्ता गलत, तो यह बड़ी भारी भूल है। इस तरह एक दूसरे की मुख़ालफत शुरू हो जाती है और असली मकसद (खुदा को पाने का) इसी आपसी द्वंद में मर जाता है। कबीर कहते हैं कि अपने विवेक से काम लो, दूसरों के पीछे चलने वाला अंधा होता है। किसी एक सम्प्रदाय से जुड़ कर दूसरे का विरोध न करो। जो खुदा को पाना चाहते हैं, वे ऐसी मानसिकता वाले लोगों से बच कर ही रहते हैं(दुहूं के निकट न जाइ)।

साम्प्रदायिक कट्टरपंथियों से बचने का संदेश देने के बाद कबीर एक सम्प्रदाय के अन्दर चलने वाले जातीय मतभेदों का भी विरोध करते हैं। कबीर के युग में हिन्दु धर्म में जाति-पाति का भेद-भाव अपने चरम पर था।भारत के पिछड़े इलाकों में आज भी निम्न वर्ग के लोगों को हेय दृष्टि से देखा जाता है। कबीर ने आम लोगों को समझाने के लिए कहा कि सभी एक समान बूंद (वीर्य) से पैदा होते हैं। इन्सान के मूल शरीर में कुदरत ने कोई भेद-भाव नहीं किया। एक ही तरह की शक्ति हम सब में विद्यमान है, फिर क्यों सिर्फ विभिन्न जातियों में पैदा होने के कारण इन्सान को इन्सान से अलग समझा जाए। किसी को ब्राह्मण मान कर सम्मान दिया जाना और किसी को शूद्र कह कर तिरस्कृत किया जाना बिलकुल गलत प्रथा है।

कबीर आगे कहते हैं कि अपनी आन्तरिक शक्ति से जुड़ कर ही हमें अहसास होता है कि हम सब में एक ही नूर की ज्योति हैं। जब दृष्टि इस सच्चाई पर पड़ जाए तो कोई किसी की निंदा नहीं कर सकता क्योंकि सब में परमात्मा का ही तो प्रकाश है। ऐसी स्थिति में पहुंच कर भले-बुरे का भेद खत्म हो जाता है। 'श्री गुरू नानक देव जी' कबीर के समकालीन थे।

कबीर के आखिरी दिनों में (जब नानक बिल्कुल जवान थे) शायद इन महापुरूषों की मुलाकात भी हुई थी। इन की मुलाकात चाहे न भी हुई हो लेकिन गुरू नानक देव जी, कबीर के ज्ञान और संदेश से बहुत प्रभावित थे। गुरू नानक की वाणी में कई जगह कबीर का प्रभाव साफ झलकता है। ऊपर दिए आखिरी दोहे को भी कुछ बदल कर श्री गुरू नानक ने कहा

"अव्वल अल्लाह नूर उपाया, कुदरत दे सभ बंदे,
एक नूर ते सभ जग उपजिया, कौ भले कौ मन्दे।"

गुरू नानक के ये शब्द भी बहुत मकबूल हुए। गुरू नानक ने तभी से कबीर की वाणी इकट्ठी कर के अपने पास रख ली थी। आगे चलकर यह वाणी 'गुरू श्री अर्जुन देव जी' के पास पहुंची। अर्जुन देव जी ने सन् 1604 में अन्य गुरूओं, सन्तों के साथ-साथ कबीर वाणी को भी संकलित कर के 'आदि ग्रन्थ' की रचना की।

नांगे फिरे जोग जो होइ। बन का मिरग मुकुति गया कोई।
मूंड़ मुड़ाएं जौ सिद्धि होइ। सरगहिं भेड़ न पहुँची कोइ।।

(कबीर ग्रन्थावली, पृ. 174)

जानै साहब कैसा है।
मुल्ला होकर बाँग जो दैवे, क्या तेरा साहिब बहरा है।।
कीड़ी के पग नेवर बाजै, सो भी साहब सुनता है।।

(कबीर ग्रन्थावली, पृ. 86,87)

ब्रह्माण्डे सो ण्यडे जांनि,
मानसरोवर करि असनान।

(कबीर ग्रन्थावली, पृ. 199)

कबीर जब आम लोगों को शिक्षा देते थे तो उन की वाणी में प्रेम और दया का सागर नज़र आता था। लोगों को उन की आन्तरिक चेतना से वंचित देख कर वे पीड़ा अनुभव करते

थे। उन्होंने लोगों को झूठे आडम्बरों में फँसाने वालों से, भोले-भाले लोगों को पाप और नरक का डर दिखा कर कर्म -काण्ड करवाने वालों से भी दो टूक बात की। कबीर ने ऐसे पंडितों, मुल्लाओं को भी सन्मार्ग समझाया लेकिन अपने निहित स्वार्थों और अज्ञान के कारण लोगों को भटकाने वालों से बात करते वक्त उन की वाणी किसी विद्रोही की वाणी हो जाती थी। वे हर तरह की धार्मिक मान्यताओं पर सीधे और तीखे प्रहार करते थे। हिन्दु मान्यताओं के अनुसार उस समय पंडित सिर मुंडाकर और नग्न रह कर साधना करते थे। कबीर इस मान्यता पर प्रहार करते हुए बोले कि अगर सिर्फ नग्न रहकर ही परमात्मा प्राप्ति होनी हो तो हिरण या अन्य जानवर मुक्त क्यों नहीं होते? बाल तो भेड़ों के भी उतारे जाते हैं, वे तो स्वर्ग नहीं जातीं तो सिर मुंडा कर तुम क्या करोगे?

कबीर ने आगे मुल्लाओं पर कटाक्ष किया कि तुम तो परमात्मा को जानते ही नहीं। सुबह-शाम मुर्गे की बांग की तरह तुम्हारी अज़ान भी गूंजती है। यह शोर क्यों मचाते हो, क्या तुम्हारा खुदा ऊँचा सुनता है? वे उन्हें समझाते हैं कि कीड़ियों के चलने की आवाज़ भी उस से छिपी नहीं है। यह बाहर का शोर बन्द करो और अपने मन का शोर भी बन्द करो, तभी खुद को और परमात्मा को पहचान पाओगे। आगे उन्होंने बताया कि सारे ब्रह्माण्ड का रहस्य तुम्हारे पिंडे (शरीर में) में छिपा हुआ है। अपने अन्दर के शक्ति सरोवर पर पहुंचो। अपने अन्दर डुबकी लगाओ, तभी इस भवसागर से पार उतारा होगा।

ऐसो अचरज देखियो कबीर।
दधि कै भोलै बिरलौ नीर।।

(आदि ग्रन्थ, पृ.326)

कबीर तन कौं जोगी सब करैं मन कौं बिरला कोई।
सब सिधि सहजैं पाइये, जे मन जोगी होइ।।

(कबीर ग्रन्थावली, पृ. 78)

पंच ततु मिली काइआ कीनी ततु कहा ते कीन रे।
करम बंध तुम जीउ कहत हौ करमहि किनि जीउ दीनु रे।
हरि महि तनु है तन महि हरि है सरब निरंतर सोइ रे।।

(संत कबीर, पृ. 166)

कबीर धर्म का बखान करने वालों का अपना हाल देख कर परेशान थे। जिन पर आम लोगों की आस्था है वे खुद ही अन्तर्ज्ञान से खोखले हैं, यह बात कबीर को हज़्म नहीं होती थी। पोथियों का पाठ या श्लोक उच्चारण करने से न तो खुद का भला हो सकता है न ही किसी और का। इस रस्म को निभाना, कबीर को ऐसा लगता था जैसे कोई गंवार दही के बजाए, पानी को ही बिलोता रहे (दधी के भोलै बिरलौ नीर)। कबीर कहते थे कि भगवे कपड़े पहन कर शरीर से तो जोगी नज़र आने वाले बहुत लोग हैं मगर मन पर काबू आ जाए तो रिद्धियां-सिद्धियां स्वतः ही मिल जाती हैं।

धर्म उपदेशक कहते हैं कि इन्सान का शरीर पाँच तत्त्वों का बना है (धरती, पानी, अग्नि, वायु और आकाश)। शरीर कर्म बंधन में फँसा है इसीलिए पाप कर्मों का इलाज करना जरूरी है। कबीर इस बात से इन्कार नहीं करते पर वे कहते हैं कि कर्म बन्धन छूट सकते हैं यदि अपनी सच्ची पहचान मिल जाए। पाँच तत्त्वों में शरीर को बाँधने की व्यवस्था भी तो किसी और तत्त्व ने की है। कर्मों का बन्धन भी तो किसी के हुक्म से ही लागू है। यह सारा विस्तार परमात्मा के अधीन है। बाहरी इलाज, उपाय करने की बजाए क्यों न हम परमात्मा से ही जुड़ जाएं? हमारे अन्दर भी परमात्मा की ही शक्ति है। उस शक्ति से पहचान हो जाए तो कर्म बन्धन स्वतः ही छूट जाएंगे।

पीरां मुरीदां काजियां मुलां अरू दरवेस।
कहां थे तुम्ह किनि कीये अकलि है सब नेस।
कुराना कतेबां अस पढ़ि पढ़ि फिकरी या नहीं जाइ।
टुक दम करारी जे करै हाजिरां सूर खुदाई।।

(कबीर ग्रन्थावली, पृ.298)

कबीर को उन सब की अक्ल नष्ट हो गई मालूम होती थी जो किसी धर्मान्धिता या बने बनाए रास्तों पर लकीर पीटते रहते थे। कबीर को लगता था कि पीर, मुरीद, काज़ी, मुल्ला और दरवेश आदि सब किसी भ्रान्ति में जी रहे हैं। पढ़ना, रटना कोई आत्म ज्ञान नहीं है। कबीर ने कहा कि कुरान या धार्मिक किताबें पढ़कर तुम्हारी शरीर सम्बन्धी फिक्र खत्म नहीं हो सकती। अपनी साँसों को पढ़ो, यदि तुम वादा करो कि मैं अपनी साँसों पर ध्यान लगाऊंगा (यह भी ध्यान करने की एक विधि है) तो यह ध्यान गहरा हो कर, सारी ख़ुदाई को तुम्हारे सामने प्रकट कर देगा(हाजिरां सूर खुदाई)।

कबीर कहते हैं कि पोथियों से ज्ञान पाने के चक्कर में और खुद को कर्मों के चक्कर में फँसा जान कर तुम्हारा दिमाग उलझ गया है। उलझा हुआ मन, फिक्र में डूबा मन, उबरने के लिए सहारे ढूंढने लगता है। परमात्मा तुमसे दूर नहीं है, वह तो बहुत पास है। तुम अपने जाल को देख रहे हो इसीलिए वह नज़र नहीं आता। जाल को काटने के लिए तुम जिन पंडितों, मुल्लाओं इत्यादि से मदद मांगते हो, वे खुद ही घिसे-पिटे रास्तों पर उलझे हुए हैं। सौ में से अठानवें गुरु भी मुश्किल हल बताते हैं। हमें लगता है कि परमात्मा को पाना मुश्किल है इसीलिए उन पर विश्वास करना पड़ता है । गुरुओं के पास जा कर भी कुछ हासिल न हो, या ज़िन्दगी में पहले की तरह

मुश्किलें बनी रहें तो लोग कहते हैं कि परमात्मा को पाना क्या आसान है? जन्मों के कर्म हैं, धीरे-धीरे मिटेंगे। कबीर कहते हैं कि दूसरों पर आश्रित न रहो, अपना दम (साँस) साधो। खुद तुम में एक ऐसी शक्ति है जो सारी मुश्किलों को भगा कर सृष्टि के भेद, कुल खुदाई को तुम्हारे सामने ले आएगी।

जो रे, ख़ुदा मसजिद में बसत है,
और मुल्क किस केरा?

कौन विचार करत हो पूजा।
आतम राम अवर नहिं दूजा।।

(कबीर ग्रन्थावली, पृ. 223)

जौ पैं बीज रूप भगवाना।
तौ पंडित का कथिसि गिआना।।
नहीं तन नहीं मन नहीं अहंकार।
नहीं सत रज तम तीनि प्रकार।

(कबीर ग्रन्थावली, पृ. 168)

कबीर भोले भाले लोगों को, भटकाने वालों पर प्रहार करते थे और उन्हें राह भी दिखाते थे। बड़े आसान लफ्ज़ों में कबीर ने दोनों तरह के लोगों को समझाया कि सच्ची राह कौन सी है। कबीर की बात दो धारी तलवार है जो पाखंडियों की बात और आम लोगों का अज्ञान काट सकती है। मुल्लाओं और पंडितों से वे पूछते हैं कि यदि धर्म स्थान ही परमात्मा का घर है तो बाहर की दुनिया में कौन बसता है? इस बात का जवाब कौन दे सकता है? आम लोगों से वे पूछते हैं कि किसके कहने पर और किस की पूजा कर रहे हो? तुम खुद परमात्मा का घर हो, परमात्मा के अंश हो। जिनकी पूजा करते हो, उन्होंने खुद को पहचान लिया था और सब को यही संदेश देने की कोशिश की थी कि खुद का पहचानो (कौन विचार......नहिं दूजा)।

यहां एक बात और समझनी बड़ी जरूरी है कि पूरी मानवता किसी बड़ी गहरी और सोची समझी साज़िश का शिकार है। यदि किसी चीज़ की कीमत बढ़ानी हो तो उसकी मांग बढ़ानी पड़ती है।मांग तभी बढ़ती है जब वह चीज़ कम मात्रा में उपलब्ध हो। कीमत ज़्यादा हो तो साधारण सी चीज़ भी प्रतिष्ठा का सवाल बन जाती है। 'कोहिनूर' हीरे की क्या ख़ासियत है ? वह न तो भूख मिटा सकता है, न ही कोई और इच्छा पूरी कर सकता है। कीमती है इसीलिए जिसके पास कोहिनूर हो, उसकी प्रतिष्ठा बढ़ती है। एक तो कीमती ऊपर से अकेला।

ज्ञान (परमात्मा, शक्ति) के मामले में भी यही धोखा दिया जा रहा है। परमात्मा को पाना मुश्किल बताया जाता है। यदि आसान हो तो लोग तीर्थ क्यों करेंगे? यदि आसान हो तो पितृ-पूजा, दान-दक्षिणा में धन क्या देंगे? बहुत से लोगों का, धर्म स्थानों का धँधा चौपट हो जाएगा। गुरुओं के मामले में भी यही हाल है। जिस गुरु के ज़्यादा अनुयायी हैं, लगता है वहीं परमात्मा मिलेगा। बड़ी दुकानें बन गई हैं, जिन में उपदेश मिलता है, ज्ञान नहीं।

कबीर कहते हैं कि जो खुद को ही नहीं पहचान पाए वे तुम्हें तुम्हारी पहचान कैसे बताएंगे? हर इन्सान एक बीज है जिसमें परमात्मा की ताकत छिपी हुई है। बीज टूटता है तभी वृक्ष उगता है। शरीर का बोध टूटेगा तभी चैतन्य का जन्म होगा। कबीर कहते हैं कि तन, मन, अहँकार के उपाय छोड़ो। जो लोग तुम्हें कहते हैं कि कर्मों के बन्धन हैं, पुराने कर्मों से छुटकारा पाने के उपाय करो, उनकी बात पर कान न धरो । तुम ज्ञान पाना चाहो तो कोई गुण (रजो, तमो, सतो) या कोई पुराना कर्म तुम्हारा रास्ता नहीं रोक सकता (नहीं सत रज तम तिनि प्रकार)।

क्या अजू जप मंजन कीएँ क्या मसीती सिरू नांए।
दिल मंहि कपट निवाज गुजारै क्या हज काबै जांए।।

(कबीर ग्रन्थावली, पृ. 103)

कबीर हरि की भगति बिन, धिग्र जींमण संसार।
धूवां केरा धौलहर, जात न लागैं वार।।

(कबीर ग्रन्थावली, पृ. 92)

रे मन बैठि कितै जिनि जासी।
हिरदै सरोवर है अविनासी।।

(कबीर ग्रन्थावली, पृ. 247)

मुसलमान जब प्रार्थना करने बैठते हैं तो उसे 'वज़ू' कहा जाता है। कबीर बता रहे हैं कि लगता है लोग बस अच्छे आचरण या पूजा-पाठ को ही बन्दगी मानने लगे हैं। मन्दिर, मस्जिद में जाना या इन के पास से गुज़रते वक्त शीश निंवा देना क्या बन्दगी है? हम इस तरह खुद को ही धोखा दे लेते हैं। जब तक दिल में छल-कपट है, तब तक समय यूं ही गुज़रता जाएगा। तीर्थ यात्राएं बेकार हो जाएंगी। कबीर आगे कहते हैं कि ऐसा जीवन (चाहे हम मन्दिरों में जाते रहें) सच्ची भक्ति से विहीन ही है। ऐसा जीवन धिक्कार योग्य है क्योंकि खुद अपने आपको धोखा देकर, अपनी ही आँखों में धूल झोंक कर हम अपने में कोई सुधार नहीं ला सकते (धूवां केरा धौलहर)। कबीर कहते हैं कि इस तरह तो चाहे जन्मों-जन्मों हम मन्दिरों में बैठे रहें, जगह-जगह की ख़ाक छानते रहें, कोई आध्यात्मिक उन्नति नहीं होगी। अपने हृदय में झाँककर, अपने आपको पहचान कर ही हम इन बुराइयों से छुटकारा पा सकेंगे (हृदय सरोवर है अविनासी)।

बाजीगर डंक बजाई : सब खलक तमासे आई।
बाजीगर स्वांग सकेला। अपने रंग रवै अकेला।।

(संत कबीर, पृ-133)

सब घट मेरा साइयाँ, सूनी सेज न कोई।
भाग तिन्हौं का हे सखी, जिहिं घट परगट होइ।।

कबीर इन पंक्तियों में समझाने की कोशिश कर रहे हैं कि हमारी मानसिक स्थिति कैसी होनी चाहिए। कबीर के अनुसार परमात्मा एक बाज़ीगर की तरह डुगडुगी बजा रहा है जिस से सारी दुनिया चल रही है। सारी सृष्टि उस के नियमानुसार नाच रही है। इसे स्वांग कहो, नौटंकी कहो या तमाशा कहो, सब खुद ब खुद चल रहा है। परमात्मा इस तमाशे को बनाता भी है, चलाता भी है और देखता भी है। सारी दुनिया के बाशिन्दे (सब खलक), इस तमाशे में अपना-अपना किरदार निभा रहे हैं। लोगों ने धोखे से खुद को वही समझ लिया है, जिस किरदार को वे निभा रहे हैं।हम कोई फिल्म देखते हैं तो उस में काम करने वाले कलाकारों को देख कर कभी हँसते हैं तो कभी रोते हैं। तीन घंटे में फिल्म खत्म हो जाती है तो हम अपने घर आ जाते हैं। हमारी ज़िन्दगी की फिल्म 70-80 साल की है। यह फिल्म लम्बी चलती है तो हमें धोखा हो जाता है कि शायद हम यही हैं, जो कि हम किरदार मिला है। कबीर कहते हैं कि इस तरह से सोचो कि यह परमात्मा का बनाया खेल है। वही इस खेल के नियम बनाता है, वही खेलता है और वही इसे देखता भी है। हम सब में भी वही है जो अलग-अलग किरदार निभा रहा है।

जो इन्सान इस स्थिति को देख पाता है, वह दृष्टा हो जाता है। फिर जीवन एक खेल बन जाता है। सुख भी मिथ्या, दुख भी मिथ्या। यही मनोस्थिति इन्सान को अपनी मूलधारा में

जोड़ कर परमात्मा से मुलाकात करवाती है। कबीर कहते हैं कि वे लोग बड़े भाग्यवान हैं, जो इस खेल को समझ कर, खुद को बस इस खेल का हिस्सा मान कर, अपना किरदार अच्छे से निभाते हैं। अपना किरदार (अपनी ज़िम्मेदारियां) जितना अच्छा हम निभाएंगे, उतना ही परमात्मा हम से प्रसन्न होगा।ऐसे लोगों के आचरण में सरलता आ जाती है, जो कि परमात्मा का ही गुण है।

रोड़ा होइ रहु बाट का, तजि पाखंड अभिमान।
ऐसा जै जन होइ रहै ताहि मिलैं भगवान।।
रोड़ा भया तो क्या भया, पंथी को दुख देइ।
हरजिन ऐसा चाहिए ज्यों धरनी की खेह।।
खेह भई तौं क्या भया, उड़ि -उड़ि लागै अंग।
हरिजन ऐसा चाहिए ज्यों पानी सरबंग।।
पानी भया तो क्या भया, ताता सीरा होइ।
हरिजन ऐसा चाहिए जैसा हरि ही होइ।।

(कबीर ग्रन्थावली, पृ. 207)

कबीर बात आगे बढ़ाते हैं कि जब ऐसी सोच बन जाए कि हम तेरे बनाए खेल-तमाशे में अपना किरदार निभा रहे हैं। तू जिस हाल में रखे, अच्छा है। मेरा कोई अहँकार नहीं और मेरी कोई माँग नहीं। राह का पत्थर बना दे तो भी मुझे मंज़ूर है। जब ऐसी सोच बन जाए तो इन्सान की स्थिति लगातार सुधरती जाती है, क्योंकि फिर नज़र अपने पर नहीं होती। अपने लिए सुख की कामना यदि खत्म होगी, तभी हम दूसरों का ख़्याल रख पाएंगे।

सारा टकराव इसीलिए है कि हर इन्सान अपने लिए सुख मांगता है। वह चाहता है कि दूसरे वैसा ही आचरण करें, जैसा मुझे पसन्द है। यह माँग खत्म हो जाए तो इन्सान को राह का पत्थर बनना भी मंज़ूर न होगा क्योंकि इससे किसी राहगीर

को चोट लग सकती है। धूल बनना भी बुरा लगेगा कि यह किसी को गन्दा कर सकती है। पानी भी बनना गंवारा न होगा क्योंकि वह भी स्वभाव बदलता है, कभी गर्म हो जाता है, तो कभी ठंडा (ताता सीरा होए)। ऐसी स्थिति में इन्सान में वह गुण उपज सकता है जो स्वयं परमात्मा का गुण है। इस मनोस्थिति में ध्यान की आवश्यकता नहीं रह जाती, ऐसी मनोस्थिति ही ध्यान है। यही सच्ची पूजा है। यह स्थिति हमें आन्तरिक सफर पर ले जाती है और हमें हमारे आत्मा स्वरूप के दर्शन करवाती है।

तेरा जन एक आध है कोइ।
काम को अरू लोभ विवर्जित, हरि पद चिन्हैं सोई।
राजस तामस सातिग तीन्यूँ, से सब तेरी माया।
चौथे पद को जो जन चीन्हैं, तीन्हीं परम पद पाया।।
असतुति निंद्या आसा छांड़ैं, तजैं मान अभिमाना।
लोहा कंचन समि करि देखैं, ते मूरति भगवाना।।

(कबीर ग्रन्थावली, पृ. 256)

इन पंक्तियों का भाव समझने से पहले यह समझना जरूरी है कि यह बात सुनने में आसान लगती है कि जीवन को खेल समझा जाए। अपना किरदार, विषयों से अलिप्त रह कर निभाया जाए। सुनने-पढ़ने में अच्छा लगता है, लेकिन व्यवहार में इस मनोस्थिति को उतारना बहुत मुश्किल है। इस का अर्थ है कि आज तक हमारा जिया गया जीवन झूठ हो गया। सारे जीवन की दौड़-धूप निरर्थक थी। यही सोच, मन की चालाकी है। ज्ञान पथ पर चलने वाला अलिप्त तो जरूर होता है मगर उससे कुछ छिनता नहीं है, बल्कि सांसारिक चीज़ों से ज़्यादा कीमती, आन्तरिक खज़ाना मिल जाता है। हम खुद ही अपने को मोह में बाँधे हैं। यह गुत्थी सुलझ जाए तो बात आसान हो

जाती है, वर्ना जैसा जीवन चल रहा हो, वैसा ही चलता रहता है। कबीर इसीलिए कहते हैं कि कोई विरला ही तेरी राह पर चलता है (तेरा जन एक आध है कोई)।

संसार इन्सानों से भरा पड़ा है। मन्दिर, मस्जिद लोगों से भरे पड़े हैं। सुबह शाम पूजा हो रही है, नाम-जाप हो रहा है। मगर हमारे अन्दर वही दुनिया बसी हुई है, जैसी दुनिया हमारा मन चाहता है। काम और लोभ इसी मन के रूप हैं इनकी विवर्जना करने वाला (इन्हें पार करने वाला) ही अपने अन्दर उतर सकता है।

आगे कबीर तीन गुणों (राजस, तामस, सात्विक) की व्याख्या करते हैं जिन्में हर इन्सान को बांटा जा सकता है। मज़े की बात यह है कि ईसाई लोग भी 'ट्रिनिटी' के विचार पर चलते हैं। कबीर की मृत्यु के काफी बाद विज्ञान भी पदार्थ को तोड़ते-तोड़ते तीन तत्त्वों तक पहुंचा (इलेक्ट्रान, न्यूट्रान और प्रोटोन)। विज्ञान के मुताबिक सारा अस्तित्व इन्हीं तीनों से बना है। कबीर ने इन तीनों गुणों को पार करके चौथे गुण की बात की है, जहां विज्ञान आज भी नहीं पहुंचा है (चौथे पद को जो जन चीन्हें)। यह चौथा गुण है, पहले तीनों गुणा को देखने वाले का, यानि 'दृष्टा' का। कृष्ण की गीता भी यही ज्ञान देती है कि करने से ऊपर उठो, कर्त्ता भाव त्यागो। जो हो रहा है, उसे होने दो, सिर्फ देखो, दृष्टा बनो। जब देखने का हुनर आ जाए तो फिर कोई तुम्हारी प्रशंसा करे, या गाली दे, तुम्हें फर्क नहीं पड़ना चाहिए। 'न काहू से दोस्ती, न काहू से बैर'। कोई तुम्हारी तारीफ करे तो अहँकार न जागे, कोई तुम्हारा अपमान करे तो तकलीफ न हो। यही आन्तरिक उन्नति है।

कबीर आगे कहते हैं कि निन्दा और आशा से छूटने पर भी मान अभिमान घेर सकते हैं। संसारी को अगर पैसे और

ताकत का घमंड होता है तो संन्यासी को भी त्याग का घमंड हो सकता है।। संन्यासी की अकड़ भी देखने योग्य होती है। त्याग करना अगर मुश्किल है तो त्याग करके उस त्याग के घमंड से बचना और भी मुश्किल है। जो इस स्थिति से भी ऊपर उठ पाए, उस के लिए लोहा और सोना एक समान हो जाता है। सब मिट्टी हो जाता है। मिट्टी कितनी मिली, कितनी छूटी, कौन हिसाब रखता है? शरीरं भी मिट्टी की तरह रह जाता है क्योंकि ऐसा भक्त बाहर देखता ही नहीं। उस का पूरा ध्यान अपने अन्दर रहता है। चैतन्य को पाने वाले, शरीर बोध से छूट कर, स्वयं चैतन्य हो जाते हैं, परमात्मा हो जाते हैं। (लोहा कंचन समि करि देखैं, ते मूरति भगवाना।)

कबीर यहु जग कुछ नहीं, षिन षारा षिन मींठ।
काल्हि जु बैठा माडियाँ, आज मसांणां दीठ।।

(कबीर ग्रन्थावली, पृ. 122)

कबीर जीवत मृतक है रहै, तजै जगत की आस।
तब हरि सेवा आपण करै, मति दुख पावै दास।।

(कबीर ग्रन्थावली, पृ. 107)

देह धरै इन मांहि बास कहु कैसे छूटै।
सीव भए ते उबरे जीवत ते लूटै।।

(कबीर वाणी, पृ. 36)

सुमिरन करहू राम का, काल गहे कर केस।
ना जानौ कब मारिहै, कै घर कै परदेस।।

(कबीर ग्रन्थावली, पृ. 124)

कबीर कहते हैं कि जितनी जल्दी इन्सान जाग जाए, अच्छा है क्योंकि यह संसार तो विश्वास करने लायक ही नहीं है। परिस्थितियां कब कैसे बदल जांए, कहा नहीं जा सकता। कभी सब कुछ अच्छा लगता है तो कभी सब कुछ बुरा हो

जाता है। किसी क्षण जीवन खारे पानी की तरह त्याग करने लायक हो जाता है तो कभी ज़िन्दगी मीठे पानी की तरह सुहावनी लगने लगती है। (षिन षारा षिन मींठ)। कबीर कहते हैं कि कल जो शादी के मंडप में बैठा था, वही इन्सान अगले दिन शमशान में नज़र आता है।(काल्हि बैठा माडियाँ, आज मसांणां दीठ)। इस जगत की आशा रखना खुद को धोखा देना है। सँसार के प्रति विरक्त रहना ही परमात्मा की भक्ति है।

कबीर आगे कहते हैं कि जाने कितनी कामनाएं हम करते रहे हैं। यह शरीर उन कामनाओं का ही परिणाम है। शरीर तुम्हारा मूल घर है, बाहर का घर तो तुम्हारे मूल घर (शरीर) की सुविधा है। गहने, गाड़ी इत्यादि भी सुविधाएँ या सजावट भर हैं। अगर आध्यात्म में प्रगति होगी तो यह कामनाएँ, अपने आप छूट जाएंगी। कबीर यहां खुद ही एक सवाल उठा रहे हैं ताकि किसी के मन में यह सवाल उठे तो उसे जवाब मिल पाए। कबीर कहते हैं कि यदि पुरानी कामनाओं और कर्मों से शरीर बना है तो शरीर के मिटने से पहले कामनाएं कैसे मिटेंगी? अगर कामनाएं ही मिट गईं तो शरीर कैसे बचेगा? (देह धरै इन मांहि बास कहु कैसे छूटै)।

इस सवाल के जवाब में कबीर ने कहा है कि मरने में ही जीवन है, जीने की कोशिश ही मृत्यु है। यहां कबीर मन की बात कर रहे हैं। कामनाओं से मन की गति है और मन की इच्छाओं से शरीर की। शरीर की मांग बहुत कम है लेकिन मन की मांग असीम है । मन मरेगा तो ही शरीर की बाहरी गति रूकेगी। जीज़स के भी यही शब्द थे कि जो बचने की कोशिश करेगा, वो मरेगा। जो मरने के लिए तैयार है, वही बचेगा।

'धर्म मरने की कला है।' हमारी सारी जीवन ऊर्जा बाहर की ओर बह रही है। अगर यह बाहर बहनी बन्द हो जाए तो स्वतः ही अन्दर बहने लगेगी। मन की भी यही गति है। मन

बाहर न भागे तो अन्दर की ओर भागता है। इस पूरे सँसार में हर इन्सान के लिए एक ही तीर्थ है, एक ही देखने योग्य नज़ारा है, जो कि हमारे अन्दर है। मन शव हो जाए तभी अन्तर-यात्रा होगी, मन ज़िन्दा रहा तो बाहर भगाता रहेगा (सीव भए ते ऊबरे, जीवत ते लूटै)। अपने अन्दर की यात्रा के बारे में एक भक्तिन 'सहजोबाई' ने क्या खूब कहा है ''बिन घान परत फुहार''। वहां बिना बादलों के वर्षा होती है। परमात्मा की शक्ति में भक्त स्नान करता है।

आखिरी दोहे में कबीर कहते हैं कि जन्मों के जन्म यूँ ही गुज़र जाएं तो कोई बात नहीं, मगर जब आँखे खुलने लगें तो जागने में देरी नहीं करनी चाहिए। एक-एक दिन कर के मौत नज़दीक आ रही है। हर गुज़रते दिन के साथ काल की पकड़ मज़बूत होती जाती है। कबीर कहते हैं कि हमें काल ने हमारे बालों से जकड़ रखा है (काल गहे कर केस)।मौत आ जाए, उस से पहले ही हमें अपना आन्तरिक सफर शुरू कर लेना चाहिए। इस सफर की शुरुआत होना ही मुश्किल काम है, एक बार यह सफर शुरू हो जाए तो ज्ञान पथ पर प्रगति बहुत तीव्र गति से होती है।

एक छोटी-सी कहानी है कि एक संन्यासी ने भक्ति के द्वारा इन्द्र को प्रसन्न करके अमर होने का वर मांगा। इन्द्र ने कहा कि मैं यमराज को रोक नहीं सकता मगर जब तुम्हें यमराज से खतरा महसूस हो तो मुझसे मेरा घोडा़ ले लेना। वह बिजली की गति से तुम्हें यमराज से दूर ले जाएगा और तुम बच जाओगे। कुछ दिनों के बाद वह संन्यासी भक्ति में लीन था कि उसे यमराज के हँसने की आवाज़ सुनाई दी। वह समझ गया कि मौत आ रही है। उसने इन्द्र से घोड़ा लिया और उस स्थान से बहुत दूर एक बाग़ में जा कर रूक गया। जैसे ही संन्यासी घोड़े से उतरा वहां यमराज के दूत आ गए और संन्यासी को यमराज के सामने ले गए।

संन्यासी बड़ी दुविधा में था, उसने यमराज से पूछा कि आप पहले क्यों हँसे थे, मैं तो अपनी मृत्यु के स्थान से बहुत दूर था? यमराज बोले कि कुछ ही पलों के बाद तुम्हारी मौत इतनी दूर होनी लिखी थी, इतनी जल्दी तुम वहां कैसे पहुंचोगे, यही सोच कर मैं हँस पड़ा था।

कबीर कहते हैं कि मौत का वक्त और स्थान तुम नहीं जानते मगर ये दोनों निश्चित हैं। वक्त मत गंवाओ, अपनी अन्तर यात्रा शुरू करो और जन्म-मरण से, इसी जन्म में निजात पा जाओ (ना जानौ कब मारि है, कै घर कै परदेस)।

च्यंतै तो माधो च्यंतामणि, हरिपद रमै उदासा।
त्रिसना अरू अभिमान रहित है, कहै कबीर सो दासा।।

(कबीर वाणी, पृ. ४)

कबीर इस दोहे में कहते हैं कि अगर कुछ भी सोचना हो, विचार करना हो तो केवल प्रभु का विचार करो(च्यंतै तो माधो)। दरअसल यह एक सूत्र है, एक गुरुमन्त्र है। जब कोई परमात्मा के बारे में विचार शुरू करेगा तो किस का विचार करेगा? परमात्मा का कोई नाम, कोई आकार, कोई गुण है ही नहीं, जिस का विचार हो सके। परमात्मा के बारे में सोचने पर ही इन्सान जान पाता है कि उसे सोचा नहीं जा सकता। परमात्मा का विचार है, निर्विचार अवस्था। सँसार में अगर कुछ मूल्यवान है, कुछ चिन्ता करने योग्य है, तो वह परमात्मा है।

परमात्मा की याद में जब कोई निर्विचार होने का अभ्यास करने लगे तो आसपास के लोगों को उस की चिन्ता होने लगती है। ऐसा इन्सान उदास नज़र आने लगता है। साँसारिक चीज़ों के प्रति उस का रवैया उदासीन-सा हो जाता है। इस

ध्यान लगने लगे तो इन्सान अपने आप में रमने लगता है। अपने भीतर का आनन्द उस की जीवन धारा को बाहर से हटा कर अन्दर की ओर मोड़ देता है। यह स्थिति आम लोगों को समझ नहीं आती। सँसार में हज़ारों तूफान चल रहे हैं। हर कोई अपनी परिस्थितियों के जाल में उलझा हुआ है। अपनी ज़िम्मेदारियां निभाना भी कभी-कभी मुश्किल हो जाता है। ऐसे हालात का शिकार इन्सान उदास और उचाट हो जाता है। आमतौर पर किसी को बुझा-बुझा-सा देख कर लोग उस को परिस्थितियों का शिकार मान लेते हैं।जब कोई प्रभु प्रेमी अपने अन्दर का रास्ता खोज ले तो वह एक सुरक्षा घेरे में पहुंच जाता है, जहां बाहर के तूफान नहीं पहुंच पाते।अपने अन्दर की शान्ति ऐसे साधक को सँसार में रहते हुए भी सन्यस्त (सन्यासी) करने लगती है। जब हीरा हाथ में आ जाए तो कोई पत्थरों की फिक्र क्यों करेगा? उस का स्वभाव उदास नज़र आने लगता है, मगर यह उदासी नहीं है। सँसारी व्यक्ति की उदासी और ध्यान की शांति भले एक सी नज़र आएं पर इन में ज़मीन आसमान का अन्तर है।

'लोक करन छावाँ घनेरियां, 'नाज़ी' फिरदा धुपे।
माही दी गलां नूं तरसां, लोग कहिण चुप-ऐ।।

सँसारी व्यक्ति भी विपरीत परिस्थितियों में आराम से बैठा नज़र आता है, मगर उस के आराम में हताशा है, आलस्य है। उठने की इच्छा भी नहीं है और शक्ति भी नहीं है। परमात्मा की लगन में बैठा साधक भी उसी आराम में बैठा नज़र आएगा, मगर उस में विराट ऊर्जा है। परमात्मा को पाने के लिए ऊर्जा का भंडार चाहिए क्योंकि शक्ति को अन्दर की ओर चलाने में भी मेहनत करनी पड़ती है। जब अन्तरयात्रा शुरू हो जाए तो तृष्णा और अभिमान नहीं बच सकते।

आन्तरिक यात्रा बाहरी दौड़ को खत्म कर देती है। परमात्मा की शक्ति मिलने लगे तो और क्या चाहिए? परमात्मा से ज़्यादा पाने को कुछ है भी नहीं।

कबीर साधक को परमात्मा का दास बता रहे हैं। यह भी एक इशारा है कि यदि तुम दास बन जाओ तो स्वामी को भी अपनी ज़िम्मेदारी निभानी पड़ेगी। परमात्मा सारी सृष्टि का सूत्रधार है, वह तुम्हारे प्रति विमुख नहीं है। तुम दास बन कर एक कदम चलोगे तो वह स्वामी तुम्हारी ओर हज़ार कदम चलेगा। केवल तुम ही परमात्मा के प्यासे नहीं हो। वह भी तुम्हें अपने आलिंगन में भरना चाहता है।

कबीर के काव्य में हर इन्सान के लिए जीवन चेतना का रहस्य छिपा हुआ है। ऐसे कवि मनीषी के सम्बन्ध में कुछ भी कहने का प्रयास, अन्त में बौना सा नज़र आता है।

इति....

कबीर पर उपलब्ध कुछ ग्रन्थों की सूची

1. कबीर और कबीर पंथ, (केदार नाथ द्विवेदी) हिन्दी साहित्य सम्मेलन, प्रयाग, 1965 ई०
2. गोरखबानी, संपादक (पीताम्बर दत्त बड़थ्वाल), हिन्दी साहित्य सम्मेलन, प्रयाग, 2003 वि०
3. आइन-ए-अकबरी,(अब्दुल फजल अल्लामी), 1893 ई०
4. इलाहाबाद गजेटियर, 1909 ई०
5. उत्तरी भारत की सन्त परम्परा, (परशुराम चतुर्वेदी), भारती भण्डार, इलाहाबाद, 2008 वि०
6. एतरेय ब्राह्मण, (संपादक मार्टिन होम), गवर्नमेण्ट सेन्ट्रल बुक डिपो, बम्बई, 1863 ई०
7. कबीर, (हजारीप्रसाद द्विवेदी), हिन्दी ग्रन्थ रत्नाकर कार्यालय, बम्बई, 1964 ई०
8. कबीर के काव्य रूप, (नजीर मुहम्मद), 1973 ई०
9. कबीर ग्रंथावली, संपादक, (माता प्रसाद गुप्त), प्रामाणिक प्रकाशन, आगरा, 1969 ई०
10. कबीर ग्रन्थावली, संपादक (पारस नाथ तिवारी), हिन्दी परिषद, प्रयाग विश्वविद्यालय, प्रयाग, 1961 ई०
11. कबीर ग्रन्थावली, (श्यामसुन्दर दास), नागरी प्रचारिणी सभा, काशी, 1038 ई०
12. कबीर का रहस्यवाद, (रामकुमार वर्मा), 1931 ई०
13. कबीर चरित, (मुकुन्द कवि),(गुजरात के सन्तों की हिन्दी-वाणी 1969, में उद्धत)
14. कबीर बीजक, (शुकदेव सिंह), 1972 ई०
15. कबीर वाणी सुधा, (डा. पारसनाथ तिवारी), 1972 ई०
16. कबीर साहित्य का अध्ययन (पुरूषोत्तम लाल श्रीवास्तव) 2008 ई०
17. गुरू ग्रन्थ साहब, 1951 ई०

18. गुरून्यास, (शिवनारायण साहब),
प्र० संत समाज प्रबन्धक समिति, कानपुर, 1952 ई०
19. दविस्तान-ए-मजाहिब, (मोहसिन फानी),
बम्बई, 1662 हि०
20. दिल्ली सल्तनत, (आशीर्वादी लाल), तृ० सं० 1959 ई०
21. दोहा कोश, संपादक (राहुल सांकृत्यायन), 1957 ई०
22. नाथ सम्प्रदाय, (हजारीप्रसाद द्विवेदी),
द्वितीय संस्करण, 1966 ई०
23. पंचदशी, (विद्यारण्य मुनि),
निर्णय सागर मुद्रणालय, बम्बई, 1949 ई०
24. बीजक मूल, कबीरचौरा बनारस, 1932 ई०
25. बीजक श्री कबीर साहब, (साधु पूरनदास),
करनेल गंज, इलाहाबाद, 1905 ई०
26. महात्माओं की वाणी, बाबा रामबरनदास, सन् 1933 ई०
27. शब्द और अर्थः संत साहित्य के संदर्भ में,
(राजदेव सिंह), 1967 ई०
28. संत कबीर, संपादक रामकुमार वर्मा,
साहित्य भवन लि०, इलाहाबाद, 1957 ई०
29. संत बानी संग्रह, दो भाग, वेलविडियर प्रेस,
इलाहाबाद, 1905 ई०
30. हिन्दी साहित्य का इतिहास, (रामचन्द्र शुक्ल),
नागरी प्रचारिणी सभा, काशी, 2007 वि०
31. हिन्दी भाषा का उद्‌गम और विकास,
(उदय नारायण तिवारी), 1955 ई०

ENGLISH BOOKS ON KABIR'S LIFE

1. Kabir the great mystic (Isaac A. Ezekiel), 1966
2. Akbar the Great Mughal, (Vincent, A. Smith)
3. Benares District Gazeteer, 1906
4. Indian Inheritance, Bhartiya Vidya Bhawan, 1959
5. Introduction to Tantra Sastra, (Sir John Woodroffe), 1956
6. Kabir and Kabir Panth, (H.G. Westcott), 1907
7. Kabir and his Followers, F.E. Key, 1931
8. Kabir and the Bhakti Movement, (Mohan Singh), 1934
9. Religious Sects of the Hindus, (H.H. Wilson), 1846
10. The Bijak of Kabir,(Rev. Ahmed Shah), 1917
11. The Philosophy of Religion, (D. Miall Edwards), 1960
12. The Religion of Man, Rabindra Nath Tagore, 1958
13. The Sikh Religion, (Macauliffe) 1909

लेखक परिचय

नाम	:	नीरज आनन्द 'नाज़ी'
माता-पिता	:	श्रीमती विनय आनन्द व श्री रमेश आनन्द
पत्नी	:	पूजा आनन्द
बच्चे	:	मयंक आनन्द (पुत्र) व सान्या आनन्द (पुत्री)
शिक्षा	:	साहित्य रत्न, हिन्दी साहित्य सम्मेलन, इलाहाबाद।
प्रथम कृति	:	ज़िन्दगी ये ज़िन्दगी (2009)
संपर्क सूत्र	:	93-सी, राजगुरू नगर, फिरोज़पुर रोड़, लुधियाना।
दूरभाष	:	09316912205
ईमेल	:	nazinanad@yahoo.com